J. John

Zerstörte Träume

Diana und unsere Sehnsucht nach Leben

Diana

Prinzessin von Wales

1961 – 1997

J. John

Zerstörte Träume

Diana und unsere Sehnsucht nach Leben

BRUNNEN

ABCteam-Bücher erscheinen in folgenden Verlagen:

Aussaat Verlag Neukirchen-Vluyn
R. Brockhaus Verlag Wuppertal
Brunnen Verlag Basel und Gießen
Christliches Verlagshaus Stuttgart
Oncken Verlag Wuppertal und Kassel

Die Deutsche Bibliothek – CIP-Einheitsaufnahme
John, J.:
Zerstörte Träume: Diana und unsere Sehnsucht nach Leben/
J. John [Aus dem Engl. von Barbara M. Trebing]. – Basel;
Gießen: Brunnen Verl., 1998
(ABC-Team)
Einheitssacht.: Fractured Fairytales ‹dt›
ISBN 3-7655-1636-8

Titel der englischen Originalausgabe:
«Diana: Fractured Fairytales»
Erschienen 1998 bei Kingsway Publications,
Eastbourne, England

Die Bibelzitate wurden der Übersetzung
«Hoffnung für alle» entnommen.

Aus dem Englischen von Barbara M. Trebing

Umschlag: Paxmann Buchprojekte, München
Satz: Uhl + Massopust, Aalen
Druck: freiburger graphische betriebe
Printed in Germany

ISBN 3-7655-1636-8

Inhalt

Vorwort

Die meisten von uns sehen, was sie sehen wollen, hören, was sie hören wollen, sagen, was sie sagen wollen. Wir sind sehr selektiv. Aus einem Wirrwarr von Gefühlen, Vorurteilen und Überlegungen filtern wir heraus, was uns paßt, und stellen unsere eigene Mischung zusammen.

Das gilt auch für dieses Buch und die Art, wie hier ein bestimmtes Thema behandelt wird. Viel ist im vergangenen Jahrzehnt über Prinzessin Diana geschrieben worden, vieles wird in den nächsten zehn Jahren folgen. Ich selbst bin Christ, Ehemann, Vater. Diese drei Faktoren sind die Filter, durch die ich die Dinge betrachte; sie beeinflussen auch meine Emotionen. Die Gedankenanstöße zu Diana, ihrem Leben und ihrem Tod, die ich hier geben möchte, sind darum auch unter diesem Gesichtspunkt zu sehen.

Danken möchte ich Richard Herkes, dem Verlagsleiter von Kingsway Publications, der mich am Montag nach Dianas Beerdigung anrief und fragte, ob ich dieses Buch schreiben wolle (wir telefonierten in jener Woche täglich miteinander, diskutierten und verhandelten!). Ebenso danke ich meinem Freund Chris Russell für seine wertvolle Hilfe, seinen klugen und scharfsinnigen Rat, seine Änderungsvorschläge und seine Recherche; ferner Andy Economides, einem weiteren Freund, der mir schon bei zahllosen Gelegenheiten vielfältige Anregungen gegeben hat. Danke, Belinda Hollis, Matthew und Rose Persson, für die hilfreichen Gespräche. Ich danke John und Joan Martin für die vielen Zeitungsausschnitte und James Mills für die nützlichen Verbesserungsvorschläge beim Schreiben.

Ein herzlicher Dank geht auch an meinen Pastor Mark Stibbe und seine Frau Alie für ihre Freundschaft und Ermutigung; an alle in unserem Hauskreis, besonders Russell und Corinne Williamson, die Leiter. Ebenso möchte ich meinen Kollegen danken, die mir Freiräume zum Schreiben verschafften, obwohl andere dringende Arbeiten anlagen; meiner Assistentin Julia Osborne, die das Manuskript getippt und die vielen revidierten Fassungen eingegeben hat; meinem geschätzten Kollegen Paul Wilson und seiner Frau Ruth für ihre Freundschaft und Unterstützung.

Anfügen möchte ich noch, daß ich mich bemüht habe, überall dort, wo ich andere zitiere, die Quelle anzugeben. Wo ich Material verwende, das mir irgendwie im Gedächtnis haftengeblieben ist, ohne daß ich mich noch an die Quelle erinnere, bitte ich um Verzeihung!

Schließlich möchte ich auch noch meinen drei Söhnen Michael, Simeon und Benjamin danken für ihre Geduld in den Wochen, in denen ich mit dem Schreiben beschäftigt war und keine Zeit für sie hatte. Besonders Michael, in dessen Dachzimmer ich sitzen durfte – dem ruhigsten Raum im ganzen Haus!

Ein besonderer Dank geht an meine Frau Killy, die auf Stunden des Zusammenseins verzichtet hat, damit ich Zeit zum Schreiben hatte. Du warst während der ganzen Zeit eine äußerst hilfreiche Assistentin.

J. John,
März 1998

Aus dem Leben gerissen

Auf zwei Fragen konnten praktisch alle Angehörigen der letzten beiden Generationen wie aus der Pistole geschossen antworten: «Wo warst du, als du erfahren hast, daß Präsident Kennedy ermordet wurde?» und: «Wo warst du, als John Lennon umgebracht wurde?» Unsere Generation kennt nun eine ähnliche Frage: «Wo warst du, als du vom Tod Prinzessin Dianas erfuhrst?» Der Tod der Prinzessin ist eines jener Ereignisse, die einen tiefen Einschnitt in die Geschichte bilden.

Jenen Tag – Sonntag, den 31. August 1997 – werden wir so bald nicht vergessen. Wir wissen, wo wir waren und was wir empfanden. Die übrigen Ereignisse des Tages verschwinden irgendwie im Nebel. Mir selbst ging es dabei wie den meisten anderen: Ich war bestürzt, dann traurig und schließlich bestürzt über das Ausmaß meiner Betroffenheit.

Das Medienecho auf Dianas Tod überstieg alles bisher Dagewesene. Ständig neue Nachrichten vermittelten uns das Gefühl, selbst in eine Tragödie hineingezogen zu werden, die nicht sein durfte und nicht sein konnte.

Die Berichte über Prinzessin Dianas Tod wurden zum größten Medienereignis der Geschichte. Und noch jetzt, im Jahr danach, sind die Auswirkungen auf unser Land kaum abzuschätzen. Dabei geht es nicht nur um den Verlust einer so bekannten Persönlichkeit, sondern ebenso um unsere Reaktionen darauf und was sie über uns als Land und Volk aussagen – über das, was uns wichtig ist und wonach wir uns sehnen.

Die Bilder von der letzten, verhängnisvollen Fahrt vom Hotel Ritz in Paris, die Fotos von dem zertrümmerten schwarzen Mercedes S 280 werden uns noch lange begleiten. In einem Tunnel in der Nähe der Seine geriet der Wagen außer Kontrolle und raste frontal in den dreizehnten Stützpfeiler. Dabei kamen Diana, ihr Begleiter Dodi Al Fayed und ihr Fahrer Henri Paul ums Leben. Dianas Leibwächter Trevor Rees-Jones wurde schwer verletzt. Nach Aussagen der Ärzte am Unfallort kam für Diana jede Hilfe zu spät. Soviel scheint festzustehen. Es ist müßig zu fragen, ob sie hätte überleben können, wenn sie, wie Trevor Rees-Jones, den Sicherheitsgurt angelegt hätte.

Für die Hinterbliebenen ist der Tod immer traurig – um so mehr, wenn er sich unter so tragischen Umständen ereignet. Die Reaktion der Nation überraschte selbst die abgebrühtesten Zyniker, und bei dem Versuch, ihren Schmerz in Worte zu fassen, gerieten die Medien schnell an ihre Grenzen. «Tragödie», «Alptraum», «Horror», «Desaster», «Katastrophe», «erschütternd», «unvorstellbar» hieß es in den Schlagzeilen.

Die Tragödie eines Lebens, das viel zu früh und so abrupt ein Ende fand, ging allen zu Herzen. War es, weil hier eine außergewöhnlich schöne Frau auf so unsagbar schreckliche Weise ums Leben kam? Nein, das war es nicht. War es, weil man gemeint hatte, die Prinzessin habe endlich das Glück gefunden und nun sei ihr auch das wieder genommen worden? Nein, auch das war es nicht. War es der unaussprechliche Schmerz ihrer beiden Söhne, die schon so viel durchmachen mußten und nun plötzlich auch noch die Mutter verloren? Ja, zum Teil. War es die Art und Weise, wie ihr Leben ein Ende fand? Auch das. Viele werden die Medien nie ganz freisprechen. Für sie wurde Diana von aufdringlichen, rücksichtslosen Fotografen in den Tod getrieben, die ihr schon vorher das Leben zur Hölle gemacht hatten.

Die Sinnlosigkeit dieses Todes kam auf verschiedenen Ebenen zum Ausdruck. Da wurde plötzlich das Leben einer Frau ausgelöscht, die zur Fürsprecherin vieler Unterdrückter geworden war, einer wahren Ikone des Mitgefühls und der Güte, einer Frau aber auch, deren verzweifelte Sehnsucht nach Liebe sie zu einer romantischen Heldin verklärt hatte. Die Träume, die Pläne, die Möglichkeiten – alles in einem Augenblick zerplatzt!

Ein so plötzliches Ende erinnert uns immer jäh und schmerzlich an die Flüchtigkeit und Vergänglichkeit des Lebens. Hier aber zeigte sich die ganze Welt erschüttert.

Mit ihrer Entwicklung von «shy Di», der scheuen Diana, zur strahlenden öffentlichen Figur, wie wir sie in ihren letzten Tagen kannten, mit ihren Leistungen, ja selbst mit ihren Fehlern und Schwächen war Diana eine der herausragenden Persönlichkeiten des 20. Jahrhunderts: die einzigartige, die schillernde, die außergewöhnliche und unersetzliche Diana.

Die Erinnerung an ihr Leben wird fortbestehen, so wie Elton John es gesungen hat: «Wir werden die Fackel für unser goldenes Kind immer tragen.» Die 1997er Version von *Candle in the Wind* ist nun das Requiem für eine Frau, die die Öffentlichkeit sechzehn Jahre lang faszinierte und dem Haus Windsor Glanz und Glamour brachte.

Gewiß, die Erinnerung wird auch künstlich wachgehalten. Diana ist nach ihrem Tod und der Welle der Di-Manie schnell von einem Menschen, um den man trauert, zum Objekt einer millionenschweren Industrie geworden. Die Prinzessin von Wales hat sich als unerwarteter Glücksfall erwiesen. Der schier unersättliche Hunger nach allem, was mit Diana zu tun hat, verwandelt allen möglichen Kitsch, wenn er nur ihren Namen trägt, in reinstes Gold. Willkommen bei der Diana GmbH – Videos, Bücher, Zeitschriften, ja sogar T-Shirts, Geschirrtücher, «antike» Bronzebüsten,

Porzellanfiguren mit der «englischen Rose», Gedächtnisteller und Medaillen: mit solchen Andenken läßt sich viel Geld verdienen. Verschiedene Länder haben Diana-Briefmarken herausgegeben. «Eine sehr einträgliche Sache», meint Briefmarkenhändler und -experte Dr. Leonard Cohen. «Aber es ist nichts Außergewöhnliches. In den USA wurden 600 Millionen Elvis-Presley-Marken herausgegeben. Damit haben sie einen Haufen verdient. So kann eine Regierung zu Geld kommen; das ist ganz normal.»

Im Jahr 1 n.D.T. (nach Dianas Tod) sind wir schnell zum *business as usual*, zum Tagesgeschäft (mit Betonung auf *-geschäft*) übergegangen. Reisegesellschaften fahren in Kleinbussen durch den Tunnel und verlangsamen die Fahrt bei Pfeiler 13, wo der Mercedes zerschellte. Niemand rechnet damit, daß die Erinnerung an Diana schnell abebbt, aber die Fachleute fragen sich, wie lange die Faszination anhalten und das Geschäft noch blühen wird.

Prinzessin Diana hat einen Platz in der Ruhmeshalle gefunden, in der all jene versammelt sind, die unter tragischen Umständen und viel zu früh starben und inzwischen Kultstatus erlangt haben – Marilyn Monroe, Elvis Presley, James Dean, John Lennon.

Warum ist uns Dianas Tod so nahegegangen?

Es ist seltsam, so sehr den Tod eines Menschen zu betrauern, von dem wir gar nicht wußten, wie gern wir ihn hatten; den wir auf eher unpersönliche Art «kannten». Diana war in einem beispiellosen Maß bekannt und doch nicht bekannt. Ihr Bild war jedem vertraut, war sie doch die am meisten fotografierte Frau der Welt. Das Fernsehen brachte ihr Gesicht in Nahaufnahme in Millionen Haushalte: ihr Lächeln, ihren schüchternen Augenaufschlag, jedes Haar auf ihrem Kopf sorgfältig gestylt. Die anbetende Öffentlichkeit wußte alles über sie, ohne sich je zu fragen, wieso sie so viel zu wissen meinte.

Man präsentierte uns unzählige Leute, die Diana irgendwann einmal begegnet waren und anschließend haarklein erzählten, wie «sie mir die Hand geschüttelt hat». Und doch kannten wir sie letztlich nicht. Oder das, was wir zu wissen meinten, hatte nichts mit ihr zu tun. Wir hatten es aus den Medien. Das war natürlich das Problem. Wir wußten mehr, als uns zustand. Ihr Privatleben war zum vermeintlichen Eigentum der Öffentlichkeit geworden.

Welch eine Ironie – wir, die wir so gern in der Presse Berichte über diese Frau lasen, fielen nun über eben die Medien her, die uns geholfen hatten, sie zu lieben. Ohne die Medien wäre Diana vielleicht nicht ums Leben gekommen; aber ohne die Medien wäre sie auch nicht so geliebt worden.

Aber aufgepaßt: Dianas Tod hat ihr Bild verklärt. Unsere Gesellschaft ist verrückt nach Bildern, Stars und einem Traumleben. Das spiegelte sich auch in den Worten wider, die die Menschen auf ihre Trauerkarten schrieben: Göttin, Engel der Barmherzigkeit, Tochter der Götter, Königin, unsere Heldin, ein Lichtblick in einer finsteren Welt. Diana, die Prinzessin von Wales, machte eine allmähliche Metamorphose durch, bis sie schließlich «unsere neue Heilige Diana» war, wie es in einer Huldigung hieß, heiliggesprochen vom Volk, wenn schon nicht vom Papst selbst.

Das war der Stoff für Hollywood-Geschichten, Stars, Kameras, Dramatik. Das Problem war nur, daß diese Tragödie sich in der Echtzeit abspielte. Es war kein Film. Im Sarg lag kein Double. Die Prinzessin war tot.

Wir hatten alle das Gefühl, wir seien mitbeteiligt. Ihr Tod zeigte, daß wir alle jemanden brauchen, zu dem wir aufsehen können. Wir taten es allerdings nicht nur deshalb, weil sie ein Star war. Nicht das Traumleben, das sie verkörperte und das uns alle so faszinierte, stellte die Verbindung her. Immer wieder bezeugten Menschen, daß sie deshalb so traurig seien, «weil sie eine von uns war».

Das ist natürlich nicht wahr. Nur wenige von uns wurden in eine Adelsfamilie hineingeboren. Schon gar nicht in eine königliche. Und wir haben auch nicht das Geld oder die Privilegien einer Prinzessin. Anderseits werden wir auch nicht so belästigt und auf Schritt und Tritt verfolgt. Was also hatten wir mit ihr gemeinsam? Irgendwie, denke ich, erkannten wir in ihrem Leben unsere eigenen Erfahrungen von Ablehnung und Enttäuschung, von Traurigkeit, von Schmerz und Leid wieder.

Diana war eine Außenseiterin. Sie selbst meinte einmal, wegen ihres Status als königliche Ausgestoßene könne sie sich gerade mit den Rechtlosen identifizieren. «Ich wußte nicht, in welche Richtung ich gehen sollte», sagte sie der BBC nach ihrer Scheidung. «Dann stellte ich fest, daß ich immer mehr mit Menschen zu tun bekam, die von der Gesellschaft abgelehnt werden, und ich entdeckte dort eine gewisse Geistesverwandtschaft.» Im Dezember 1995 hielt sie bei dem von ihr bevorzugten Hilfswerk für Obdachlose eine Rede, in der sie sagte: «Es ist wirklich tragisch, wenn man sieht, wie so viele junge Menschen, so viele Möglichkeiten vergeudet werden. Jeder verdient Wertschätzung. Jeder hat in sich das Potential, etwas zurückzugeben, wenn er nur die Möglichkeit erhält. Jedesmal, wenn ich hier bin, bin ich entsetzt über die Gefahren, denen die jungen Leute auf der Straße ausgesetzt sind, und wie leicht sie ausgebeutet werden können.»

Linda Grant, Kolumnistin des *Independent on Sunday*, schrieb: «Was mich besonders beeindruckt hat, waren die vielen Dinge, die sie mit dem Leben einer ganz normalen

Frau gemeinsam hatte. Nichts schien ihr erspart zu bleiben: Sie kam aus einer zerrütteten Familie, sie heiratete sehr jung, sie litt unter postnataler Depression, sie hatte Eßstörungen, sie verliebte sich ... er betrog sie ... Wer von uns hat nicht etwas davon auch schon erlebt?» Die fünfhundert oder mehr Personen, die ihrem Sarg folgten, waren ein sehr eindrückliches Symbol für die Saite, die sie in uns anschlug – das Gefühl, ein Außenseiter zu sein.

Sie arbeitete unter Außenseitern – HIV-Infizierten, Obdachlosen, Krebskranken und Opfern von Landminen. Und sie starb auch «draußen» – außerhalb ihres Landes, außerhalb ihrer Ehe und außerhalb der königlichen Familie.

Dianas tiefe Sympathie für die Menschen war keine Laune des Augenblicks. Jedes Jahr legte sie Tausende von Meilen zurück, um ihr Anliegen zu vertreten, und reiste sogar in so gefährliche Länder wie Bosnien und Angola, um die Aufmerksamkeit auf das Schicksal der Zivilbevölkerung zu lenken, auf die vielen Menschen, die von Minen verletzt oder getötet worden waren. Diana tat nur, was ungezählte Mitarbeiterinnen und Mitarbeiter von Hilfswerken und andere Freiwillige auf der ganzen Welt jeden Tag tun; aber sie tat es aus freien Stücken, obwohl sie über die Not dieser von anderen kaum wahrgenommenen Welt leicht hätte hinwegsehen können.

1987, als viele noch fürchteten, sich allein schon durch eine flüchtige Berührung mit Aids anzustecken, reichte sie einem Kranken in einem Londoner Spital ruhig die handschuhlose Hand. «Sie können ihnen die Hände schütteln und sie in die Arme nehmen», sagte sie später über die Aidskranken. «Der Himmel weiß, wie sehr sie das brauchen.» Dieser schlichte Akt der Nächstenliebe förderte den toleranten Umgang mit Aidskranken in einem ungeahnten Ausmaß. Hofberichterstatterin Judy Wade bezeichnete ihn als «das Wichtigste, was ein Mitglied der königlichen Familie in den letzten zweihundert Jahren getan hat». 1993 besuchte sie die Leprakranken in Nepal, «um zu zeigen», wie sie sagte, «daß sie nicht abgeschrieben sind».

Die Prinzessin war Schirmherrin der Lepramission, die sich um die zwölf Millionen Opfer der Leprakrankheit auf der Welt kümmert. Der medizinische Fortschritt bei der Leprabehandlung ist weitgehend christlichen Missionsärzten zu verdanken. Sie haben die rätselhafte Krankheit erforscht, die Mythen, die sich darum rankten, aufgedeckt und wirksame Behandlungsmethoden entwickelt. Für die Medien aber war Lepra kein Thema, bis Prinzessin Diana sich der Sache annahm. In ihrem letzten Interview sagte sie der Zeitung *Le Monde*: «Nichts macht mich glücklicher, als wenn ich versuchen kann, den Verletzlichsten dieser Gesellschaft zu helfen. Wenn mich jemand ruft, der leidet, dann komme ich gerannt.»

Dianas Schwächen wurden ihre Stärke. Sie ermöglichten es Millionen von ganz normalen Menschen, sich mit ihr zu identifizieren, und machten sie selbst offen für die Verletzlichen und Verletzten. Die traurigen Erlebnisse ihrer frühen Kindheit hatten sie nicht bitter gemacht, sondern ihr einen Einblick in das menschliche Herz geschenkt und den Wunsch geweckt, anderen zu helfen. Prinzessin Diana verstand und beherrschte die Sprache der Liebe. Sie besaß einen unerschütterlichen Glauben daran, daß die Macht der Liebe auf alles eine Antwort finden und die schrecklichsten Übel dieser Welt überwinden kann.

Trotz ihrer oft wiederholten Behauptung, sie wolle ein einfaches Leben führen, erfreute sie sich allerdings paradoxerweise auch aller Privilegien und hielt daran fest. Diana genoß das Leben in Designerkleid und Jetset-Gesellschaft.

Als ihr Freund, der Modeschöpfer Gianni Versace, umgebracht wurde, hieß es, er habe die Welt von Mode, Rock und Film zusammengebracht. Bei der Prinzessin kam noch das Element des Adels dazu.

Die Guten und die Großen

Interessanterweise starben zur selben Zeit noch andere berühmte Persönlichkeiten – Menschen, deren erfülltes und vorbildliches Leben nicht wegen ihrer Gebrochenheit Aufmerksamkeit erregte, sondern wegen ihrer Leistungen.

Am Abend vor Prinzessin Dianas Beerdigung ging die Nachricht um die Welt, daß in Kalkutta Mutter Teresa gestorben war. Es ist eine Ironie der Geschichte, daß Dianas Tod den von Mutter Teresa in gewisser Hinsicht in den Schatten stellte (was Mutter Teresa selbst übrigens überhaupt nicht gestört hätte). Die beiden berühmtesten Frauen der Welt starben innerhalb einer Woche. Ein Leben fand ein viel zu frühes Ende, das andere einen friedlichen Abschluß. In ihrer Biographie von Mutter Teresa schreibt Anne Sebba: «Diana identifizierte sich sehr stark mit Mutter Teresas Philosophie und galt als einer ihrer größten Bewunderer.» Mutter Teresa ihrerseits soll einmal gesagt haben, Diana sei ihr «wie eine Tochter» gewesen.

Mutter Teresa starb im Alter von 87 Jahren. Als jüngstes von drei Kindern war sie am 27. August 1910 in Skopje in Albanien als Gonxha («Rosenknospe») Agnes Bojaxhiu zur Welt gekommen. Im Alter von achtzehn Jahren verließ sie ihr Zuhause und trat in den Orden der Loretaner in Irland ein. Dort nahm sie den Namen Schwester Maria Teresia an, nach der heiligen Thérèse, der «kleinen Blume», die 1897 im Alter von 24 Jahren in einem Konvent in Lisieux an Tuberkulose gestorben war. Während einer Zugfahrt von Kalkutta nach Darjeeling vernahm sie den Ruf Gottes in eine spezielle Arbeit. Damals war sie als Nonne Lehrerin an einer Schule in Kalkutta. Jahre später erinnerte sie sich: «Ich hörte den Ruf, alles aufzugeben und ihm in die Slums zu folgen, um ihm unter den Ärmsten der Armen zu dienen. Ich wußte, daß es sein Wille war und daß ich ihm zu folgen hatte.» So wurde 1950 der Orden der Missionarinnen der Liebe gegründet.

Kardinal Basil Hume nannte Mutter Teresa «ein einzigartiges Beispiel echter Heiligkeit». Und weiter: «Die Ernsthaftigkeit, mit der sie ihren Glauben auslebte, gab ihr eine Kraft und Ausstrahlung, die unvergeßlich ist.» Mutter Teresa widmete sich ihrer Arbeit, ohne es an die große Glocke zu hängen und ohne sich um ihr Image zu kümmern.

Das Leben führte Mutter Teresa, 87, und Prinzessin Diana, 36, nicht oft zusammen, auch wenn viele das wegen des in aller Welt verbreiteten Fotos von ihrer letzten Begegnung am Anfang des Jahres meinen. Im Tod jedoch sind sie durch die zeitliche Nähe vereint. Selten hatte die Gründerin der Missionarinnen der Liebe so im Rampenlicht gestanden, selten war die Prinzessin so heilig erschienen wie auf dem berühmten Foto. Weil sie beide der Welt die Not der Armen und Schutzlosen ins Gedächtnis gerufen hatten, wurden Vergleiche auf einmal unvermeidlich, die einem sonst nie in den Sinn gekommen wären.

Mutter Teresa war die Heilige der Slums; Prinzessin Diana die Heilige der Medien. Mutter Teresa wurde geehrt, weil sie fünfzig Jahre unter den Armen gearbeitet hatte. Dafür erhielt sie den Nobelpreis, nicht jedoch die Beweihräucherung, die den Tod der Prinzessin begleitete. Prinzessin Diana war beeindruckend; Mutter Teresa war selbstlos. Prinzessin Diana litt trotz des Reichtums, in dem sie lebte; Mutter Teresa hatte Frieden trotz des Leids, das sie umgab. Die alte Frau besaß bei ihrem Tod nur drei Saris (von Leprakranken aus einem ihrer Heime in Kalkutta gewebt), ein kleines Kruzifix, ein hölzernes Waschbecken, eine abgetragene Jacke und eine viel benutzte Bibel. Die jüngere Di hinterließ ein Vermögen in Millionenhöhe und hatte bereits einen großen Teil ihrer Designerkleider bei Christie's versteigern lassen.

Es ließen sich noch mehr Gegensätze nennen – geistlich und materiell, opferbereit und zügellos, innerer Glanz und äußerer Flitter. Damit soll Prinzessin Diana nicht herabgewürdigt werden. Es soll nur auf den Unterschied zwischen einem geadelten Leben und dem Leben einer Adligen hingewiesen werden.

Ein Kommentator kritisierte Mutter Teresa, weil sie mit Diktatoren und anderen nicht ganz einwandfreien Figuren auftrat. (Einem gewissen Zimmermann aus Nazareth warf man dasselbe vor.) Doch ihr Erbe spricht eine deutliche Sprache. Sie war der Beweis dafür, daß der Glaube wirklich Berge versetzen kann. Mutter Teresas Missionarinnen der Liebe leiten heute 450 Zentren in 130 Ländern. Sie versorgen jedes Jahr eine halbe Million Familien mit Nahrung, in ihren Schulen werden 20 000 Slumkinder unterrichtet, in ihren Krankenhäusern 90 000 Leprakranke behandelt. Über 27 000 Menschen, die sonst in den Straßen Kalkuttas gestorben wären, konnten in ihren Sterbehospizen ein würdiges Ende finden.

Im Lauf der Jahre haben die ungebrochene Hingabe und die harte Arbeit Mutter Teresas Hände verkrüppelt, tiefe Furchen in ihr Gesicht gegraben und den Rücken dieser kleinen Frau – sie war nur 1,45 m groß – gebeugt, ein Bild, das das Gewissen der Welt wachrüttelte.

Der Papst bezeichnete sie als eine «unvergeßliche Gestalt». Mutter Teresa, so sagte er, habe den «vom Leben Geschundenen» geholfen, «die Zärtlichkeit Gottes zu spüren». Es ist anzunehmen, daß Mutter Teresa nach der erforderlichen fünfjährigen Wartezeit von Rom heiliggesprochen werden wird.

Im *Observer* vom 7. September 1997 fragte Mark Tully, warum Mutter Teresa wohl soviel Aufmerksamkeit erregte. Die Antwort, sagte er, zeige einmal mehr die Zwiespältigkeit der heutigen Generation: «Wir selbst haben zwar nicht viel Zeit, uns mit Religion zu befassen, aber wir sind fasziniert von den Heiligen.» Was für eine seltsame Gesellschaft, die ihr Gewissen damit zu beruhigen sucht, daß sie aus der Sicherheit der eigenen vier Wände die Arbeit einer alten Frau bewundert, die sich um die Sterbenden kümmert!

Mutter Teresa wußte, wie sie mit den Medien umzugehen hatte. Ihr Verhältnis zur Presse war sehr direkt. Sie machte von vornherein klar, daß es ihr nicht darum gehe, für sich selbst Werbung zu machen: «Die Berühmtheit ist mir aufgezwungen worden. Ich gebrauche sie um der Liebe von Jesus willen. Die Presse macht die Menschen auf die Armen aufmerksam, und das ist mir jedes Opfer wert.» Beide, Mutter Teresa wie Prinzessin Diana, benutzten ihre Berühmtheit als Mittel, um die Unbekannten, die Armen, die Kranken, die Opfer ins Blickfeld zu rücken. Einer Liste aus dem Buckingham-Palast vom Anfang der 90er Jahre zufolge hatte die Prinzessin von Wales das Patronat von nicht weniger als neunzig Hilfsorganisationen inne.

Der Tod von Mutter Teresa war nicht im gleichen Sinne eine Tragödie wie der von Prinzessin Diana. Sie war schon seit einiger Zeit krank gewesen, so daß sie nicht gänzlich unerwartet starb. Trotzdem war die Trauer groß. Es gab die Sorge, ob die Arbeit in ihrem Sinne fortgeführt werden könnte; auch gab es Stimmen, die ihren Beitrag zum 20. Jahrhundert durchaus kritisch beurteilten.

Der Tod beider Frauen ging uns zu Herzen; unsere Reaktion fiel jedoch verschieden aus, weil sie uns auf unterschiedliche Weise berührt hatten. Vielleicht hat es damit zu tun, daß Mutter Teresa das tat, was wir alle eigentlich auch tun *sollten*, und Prinzessin Diana das, was wir alle gern tun *würden*. Gewiß aber hat der Tod beider Frauen uns dazu gebracht, das Schicksal derer zu bedenken, denen es weniger gutgeht als uns selbst. Das Beste an diesen beiden Frauen war das, was sie für andere taten. Wenn Diana eine «Kerze im Wind» war, dann war Mutter Teresa eine «Flamme in der Gosse». Mutter Teresa sprach die noblen geistlichen Regungen an, während Prinzessin Diana weltliche Wünsche wachrief. In Wirklichkeit aber hätten nur wenige von uns eine Mutter Teresa oder auch eine Prinzessin Diana sein wollen. Wir konnten romantischen Phantasien über ihr Leben nachhängen, ohne die harten Mühen oder den Glamour auf uns zu nehmen, ohne uns im Dienst für andere aufzuopfern oder ständig im Rampenlicht stehen zu müssen.

Niemand würde die gute und mutige Arbeit einer Mutter Teresa in Frage stellen, wie viele aber beneiden sie wirklich um ihr entbehrungsreiches Leben? Aus einer tiefen Hingabe an ihren Herrn Jesus Christus heraus beschützte Mutter Teresa die Körper anderer Menschen und setzte dabei ihren eigenen aufs Spiel. Prinzessin Diana dagegen schmückte ihren Körper mit der neuesten Mode und den kostbarsten Juwelen, Juwelen, die auch für eine Prinzessin letztlich kaum mehr Wert haben als ein Kiesel am Strand von St. Tropez, wo sie sich ein paar Tage vor ihrem Tode noch gesonnt hatte.

In unserem säkularisierten Zeitalter haben wir für das materielle Leben einer Prinzessin Diana mehr Verständnis als für das geistliche Leben einer Mutter Teresa. Wenn wir uns über beide Gedanken machen, denken wir darum auch über uns selbst nach und über das, was wir mit Heiligen und Sündern gemeinsam haben.

Doch es war nicht nur der Tod von Mutter Teresa, der dem Tod der Prinzessin zusätzliches Gewicht verlieh. Am Morgen des Beerdigungstages rief die Nachricht von einem weiteren Tod bei all jenen, die zur Trauerfeier für Prinzessin Diana gekommen waren, neue Bestürzung hervor. Die Welt hatte eine weitere prägende Gestalt verloren. Sir George Solti, einer der herausragenden Orchesterchefs des Jahrhunderts, war während eines Urlaubs überraschend gestorben.

George Solti war ein Mann, der der Gesellschaft viel Freude bereitet hat. Sein musikalisches Wirken umspannte über fünfzig Jahre. In dieser Zeit spielte er mehr als 250 Schallplattenaufnahmen ein. Sein Engagement an der Königlichen Oper in London in den 60er Jahren gilt noch heute als Hoch-Zeit der Musikgeschichte. Er erhielt mehr «Grammys» als jeder andere Musiker aus dem Bereich der Popmusik und der klassischen Musik. Der Grund, warum er so gut ankam, war offensichtlich. Er war nicht nur ein brillanter Dirigent, er war eine Persönlichkeit, der man Aufmerksamkeit und Respekt nicht versagen konnte. Jeder Auftritt war neu. «Ich verändere mich ständig», sagte er. «Ich höre mir meine Aufnahmen nie an – nie –, das will ich nicht.» Er wollte immer vorwärtsgehen, sich weiterentwickeln.

Doch wie Diana war er ein scheuer, zurückgezogener Mensch. Er legte Hunderte von Kilometern zurück, nur um mit seiner Familie zusammenzusein. Und er war jemand, der das Leben ganz auskosten wollte, besonders in den letzten Jahren. Anstatt zurückzustecken, dachte er weiter an neue Projekte. «Ich habe erst in den letzten fünfzehn Jahren wirklich angefangen, mich ernsthaft mit der Musik auseinanderzusetzen», konnte er sagen. Harvey

Sachs, mit dem er seine Memoiren schrieb, sagte: «Sein Verlangen, sich ganz der Kunst zu widmen, war phänomenal und äußerst inspirierend.»

In derselben Woche wie Prinzessin Diana, Mutter Teresa und George Solti starb in Wien im Alter von 92 Jahren ferner der Psychiater und Philosoph Viktor Frankl. Sein Buch *Auf der Suche nach dem Sinn* wurde in 26 Sprachen veröffentlicht und über zwei Millionen Mal verkauft. Es basiert auf seinen Erfahrungen in vier Konzentrationslagern. Als er nach Auschwitz kam, mußte er sich nackt ausziehen und wurde von den Nazischergen am ganzen Körper rasiert. Auf diese Weise wollte man ihn seiner Menschenwürde berauben. Doch er war nicht bereit, seine Menschlichkeit, sein Gewissen oder seinen Glauben zu verraten. Er überlebte und setzte nach dem Krieg seine psychiatrische Tätigkeit fort. Als Ziel nannte er, den Menschen zu helfen, einen Sinn in ihrem Leben zu finden, indem sie Gott im Mitmenschen dienten, Gutes täten und sich an der Natur freuten.

So verlor das zwanzigste Jahrhundert 1997 in nur einer Spätsommerwoche vier beeindruckende Persönlichkeiten, die – jede auf ihre Art – für viele zu Vorbildern geworden waren. Mit der Schönheit ihres Glaubens, ihrem Charakter, ihrem Wirken, ihrer Kunst haben sie viele Menschen beeinflußt. Sie wollen uns kein Ansporn sein, nun auch Schlagzeilen zu machen oder Aufsehen zu erregen, damit wir dann auch einmal in langen Nachrufen in der Zeitung oder durch Staatstrauerakte geehrt werden. Vielmehr zeigen sie uns, wie unterschiedliche Menschen die Welt auf ganz verschiedene und doch ähnliche Weise beeinflussen können. Das Leben mißt sich nicht daran, wieviel davon gelebt wird oder was wir in der kurzen Zeit, die wir diesen Planeten bevölkern, ansammeln können, sondern daran, wofür wir leben, wofür wir uns einsetzen, wem wir uns zuwenden und wen wir an den Gaben und Gnaden, die Gott uns anvertraut hat, teilnehmen lassen.

Jeder reagiert anders auf den Tod. Immer wieder hörte man im Fernsehen oder am Radio die Menschen sagen: «Ich muß zu Dianas Trauerfeier gehen. Ich muß dabeisein. Ich muß einfach sagen können, daß ich auch da war.»

Dieses «Ich muß» machte nicht nur unseren Wunsch deutlich, jemanden zu haben, der unsere Schwäche und das Gefühl des Fremdseins mit uns teilt. Es zeigte auch, daß wir Teil von etwas Größerem sein wollen. Die Menschen wollen ein Teil der Geschichte sein. Sie wollen sagen können, daß sie an einer Bewegung teilgenommen haben, einem Ereignis, das wohl für immer im Gedächtnis einer ganzen Nation, ja auch vieler anderer Völker, haften bleiben wird.

Denken wir nur an die langen Schlangen, die ganze Nächte hindurch vor den Kondolenzbüchern ausharrten. Wären wohl so viele Menschen gekommen, wenn man nur zehn Minuten hätte warten müssen? Gehörte das Warten nicht unbedingt dazu? Sagen zu können: «Ich war dabei. Ich habe gewartet.» Den eigenen Teil beizutragen. Die «Geschichte war ein Riese, der von der Liebe aus dem Schlaf gerissen worden war», wie es die Dichterin Carol Ann Duffy angesichts der Schlangen vor den Palästen formulierte.

Wir wollen bei einem bedeutsamen Ereignis dabeisein. Hier hatten wir einmal Gelegenheit zu beweisen, daß wir Sympathie zeigen und uns an etwas Gutem und Richtigem beteiligen können.

Durch den Tod von Prinzessin Diana wurde uns etwas genommen, dem wir uns zugehörig fühlten. Diese Frau gehörte dem Volk. Sie rührte eine bestimmte Saite in uns an, weil wir uns einerseits alle nach ihrem Lebensstil sehnten, andererseits aber weil gerade ihr Leben etwas von unserer eigenen Zerbrochenheit widerspiegelte.

Und so fand das englische Volk – und ein Teil der ganzen Welt – ein neues Aushängeschild, eine Heldin, die die Sache der Bedrängten vertritt, einen neuen Brennpunkt, in dem sich unser eigenes Gefühl der Entfremdung in einer Welt, der die gewissen Werte der Vergangenheit weitgehend verlorengegangen sind, sammeln kann.

Ihr Tod zeigte, wie wichtig es selbst Engländern heute ist, Gefühle zu äußern. Und er machte deutlich, welche Religion für die meisten Menschen «funktioniert»: das Bedürfnis nach Blumen, Kerzen, Spielzeug, Büchern – etwas tun können, etwas zeigen können. Eine Mischung von Alt und Neu – von Chorälen und Elton John, von Websites und Schweigen.

Traurig, aber wahr

Wie trauert man um einen Menschen, den man eigentlich gar nicht richtig gekannt hat? Zunächst einmal haben wir endlos geredet, haben hervorgehoben, was wirklich gut war. Dann wurden wir still, vor dem Fernseher oder auf der Straße, und haben nur noch zugesehen. Königin Elisabeth unternahm einen außergewöhnlichen Schritt, wandte sich in einer live vom Fernsehen übertragenen Ansprache an ihre «Untertanen» und versicherte ihnen, daß «wir alle versuchen, auf unsere Art mit dem Schmerz fertig zu werden».

«Sie hat nie gewußt, daß sie so beliebt war. Wenn sie das doch nur zu Lebzeiten geahnt hätte!» So konnte man es angesichts des Ausmaßes der landesweiten Trauer wieder und wieder von Familie und nahen Freunden von Diana, Prinzessin von Wales, hören. Was für eine Schande, sagten sie, daß sie keine Ahnung hatte, wie beliebt und geachtet sie war.

«Der Frühling ist aus dem Jahr ausgezogen», heißt es in einer alten griechischen Klage über den Verlust junger Soldaten, und so war auch die Stimmung in der Woche nach Prinzessin Dianas Tod.

Und es war die Art der Trauer, fast noch mehr als ihr Ausmaß, die so einzigartig war. Beim Tod von Königin Victoria, König George V. (bei seiner Beerdigung sollen fünfzehntausend Menschen ohnmächtig geworden sein) oder Winston Churchill haben ebenfalls Millionen getrauert, aber ihr Tod rief nicht einen solchen Schmerz hervor. Bei ihnen hatte man das Gefühl, sie hätten ihr Werk vollendet.

Der Tod von Diana kam zu früh, zu plötzlich und unter zu schrecklichen Umständen, und deshalb ist er so traumatisch. Den Tod annehmen bringt Frieden. Dieser Tod war nur schwer zu akzeptieren, deshalb fanden die Herzen keine Ruhe.

Eine Trauer dieses Ausmaßes konnte auch von der Regierung nicht ignoriert werden. Premierminister Tony Blair bezeichnete die Prinzessin als Symbol für ein neues, spontanes England, das sich nicht scheut, zu weinen und Gefühle zu zeigen.

Während das Land vom Gewicht des Kummers fast erdrückt wurde, versuchten wir die Stimmen zu ersticken, die uns bedeuten wollten, daß dieselben Leute, die jetzt so klagten, bisher fleißig dabei mitgemischt hatten, sich in Dianas Leben einzumischen. Aber es stimmte: Wir, die wir so wütend waren auf die Paparazzi, wir hatten selbst dafür gesorgt, daß sie von ihnen gehetzt wurde. Denn wenn es nicht diesen riesigen Markt für ihre Bilder gäbe, gäbe es auch die Paparazzi nicht. Irgend jemand kauft schließlich die Hefte mit den Schnappschüssen von den Berühmtheiten im Badeanzug! Wir haben die Blätter gekauft, um die Bilder von der Märchenprinzessin zu sehen. Wir selbst haben letztlich verlangt, daß sie so verfolgt wurde, damit wir erfahren konnten, was uns gar nichts anging. Es gibt eine einfache Methode, den Fotojägern das Handwerk zu legen. Wir müßten nur *nein* sagen. Aber solange das nicht geschieht, solange es eine Nachfrage für ihr Produkt gibt und solange die Illustrierten solch horrende Summen dafür zahlen, werden die Paparazzi weiter ihre Fotos schießen.

Mischten sich in unsere Trauer wohl auch Schuldgefühle? Die Empfindungen, die im Land, ja auf der ganzen Welt, in jenem Herbst 1997 zum Ausdruck kamen, waren zumindest zwiespältig. Der Traum war zu Ende, und irgendwie wollten wir unsere Traurigkeit, unser Gefühl, verraten zu sein, unser Entsetzen und unsere Verletztheit zeigen. Das Problem war, daß man uns nie beigebracht hat, wie wir das tun können. In einem Artikel, der am 7. September 1997 in der Zeitung *The Observer* erschien, schrieb Robert McCrum:

> «In der Vergangenheit wurden die heftigen und schlimmen Gefühle, die der Tod hervorrief, durch sprachliche Rituale und rituelle Handlungen gelindert, deren Aufgabe es war, den nötigen Trost zu spenden. Heute ist das anders. Fast jede öffentliche Äußerung dieser Woche macht deutlich, daß wir zwar für fast alles Worte und Ausdrücke besitzen, die Sprache der Trauer aber verlernt haben.»

Einer der Gründe, weshalb wir am Ausgang des zwanzigsten Jahrhunderts die Sprache der Trauer nicht mehr kennen, ist darin zu suchen, daß wir den Tod nicht mehr an uns herankommen lassen. Unsere moderne Gesellschaft hat den Tod zum Tabu gemacht. Nicht mehr der Sex, der Tod ist das große Unaussprechliche. Der französische Historiker Philippe Aries schrieb über Menschen, die trauern: «Wenn du einen einzigen Menschen verlierst, ist die ganze Welt leer. Aber keiner darf so etwas laut sagen.» Der Inbegriff des idealen Trauernden ist jemand, der seinen Kummer nicht zeigt, sondern Haltung bewahrt. Wir neigen dazu, dem anderen das Recht zum Trauern abzusprechen.

Eine ganz wesentliche Rolle ist dabei den Medien zugekommen. Gaben wir ihnen zunächst die Schuld am Tod Dianas, lieferten sie uns nun die Bilder, die unsere Trauer verstärkten. Vor Dianas Tod konnten wir nicht damit rechnen, daß die Medien ausführlich den Tod thematisierten. Zwar kam er in ihren Nachrichten vor, doch sie ließen ihn stets nur auf Armeslänge an uns heran, und wir konnten immer noch umschalten bzw. umblättern. In der Woche, in der Diana starb, ging das nicht. Wo wir uns vorher nie dem körperlichen Abbild des Todes, dem Kummer und der Trauer ausgesetzt sahen, erhielt er plötzlich eine Bühne. Normalerweise passiert dies alles nicht im Scheinwerferlicht, sondern hinter den Kulissen. Nun aber bekamen wir alles präsentiert. Das Außergewöhnliche an dieser ersten Septemberwoche war, daß das Medium, das Tod und Trauer sonst von uns fernhält, auf einmal von fast nichts anderem berichtete.

Diana verkörperte so viel von dem, was wir uns für uns selbst wünschen und erhoffen. Wie aber konnte eine Generation, die sich so dem Leben verschrieben hat, einen Platz für den Tod finden? Eine Gesellschaft, die glaubt, der Tod sei das Schlimmste, was dem Menschen zustoßen kann, reagiert natürlich vor Furcht wie gelähmt, wenn ihr plötzlich der Spiegel vorgehalten wird. Eine Zeitlang sahen wir nichts anderes als das Entsetzen in unseren eigenen Augen.

Kaum einer wird die Bilder unseres trauernden Volkes vergessen. Der Schmerz war auf einmal keine Privatsache mehr, sondern wurde, im Gegenteil, bewußt in die Öffentlichkeit getragen. Die typisch britische Zurückhaltung, auf die viele frühere Generationen so stolz waren – Selbstbeherrschung und korrektes Verhalten –, machte es schwierig, die spontanen Gefühlsäußerungen angesichts des tragischen Todes von Prinzessin Diana zu erklären.

Die Trauerrede, die Charles, Earl Spencer, während der Trauerfeier seiner Schwester hielt, trug ihm viel Lob von der Öffentlichkeit ein. Auf der Kanzel der Westminster Abbey sprach er seine ganz persönlichen Gedanken und Gefühle so offen aus, wie man sie in Anwesenheit der Herrschenden sonst nicht äußert. Seine «komplizierte» und «strahlende» Schwester, sagte der 33jährige Earl, habe seit ihrer Heirat mit Charles ein «bizarres» Leben geführt. Und, so fuhr er fort, Diana habe den Titel «Königliche Hoheit», der ihr nach der Scheidung aberkannt worden war, nicht nötig, «um ihren besonderen Zauber auch weiterhin auszustrahlen».

Eine Woche nach der Beerdigung waren im Buckingham-Palast 500 000 Briefe und 580 000 E-Mails mit Sympathiekundgebungen eingegangen. Der Führer der konservativen Partei, William Hague, schlug vor, den Flughafen Heathrow in «Diana-Airport» umzubenennen. Finanzminister Gordon Brown soll ernsthaft den Vorschlag erwogen haben, den Bank Holiday im August in «Diana Day» umzutaufen. In unzähligen Leserbriefen wurden weitere Vorschläge gemacht, Sondermünzen mit Dianas Bild zu prägen und Krankenhäuser, Brunnen und Brücken mit ihrem Namen zu versehen.

Der Mensch hat das tiefe Bedürfnis, tragische Ereignisse zu verarbeiten und seine Gefühle zu reinigen, indem er sich mit ihnen auseinandersetzt. Und genau dieses Bedürfnis wurde zum Teil durch die so eruptiv nach außen getragene Trauer befriedigt.

Wie aufgewühlt die Öffentlichkeit war, zeigte sich zum Beispiel, als drei ausländische Touristen festgenommen und verurteilt wurden, weil sie von den Trauerspenden, die bergeweise auf den Bürgersteigen lagen, drei Teddybären genommen hatten. Der Zwischenfall machte Schlagzeilen (keiner der drei Touristen mußte allerdings seine Strafe absitzen, doch wurde einer von ihnen von einem Zuschauer geschlagen, als er das Gerichtsgebäude verließ). Die Großhandelspreise für Blumen stiegen auf dem Londoner Markt um 25 Prozent, obwohl eiligst Nachschub aus Holland, Israel, Afrika und Südamerika herbeigeschafft wurde. Am 9. September türmten sich vor den königlichen Palästen zehntausend Tonnen Blumen. Schätzungen reden von rund fünfzig Millionen einzelnen Sträußen. Die Blumen, die nach Althorp Park geschickt wurden, bedeckten die gesamte Insel im See, nachdem Diana dort beigesetzt worden war. Das Gewicht der Kondolenzspenden – Karten, Erinnerungsstücke, Teddybären, Tonwaren mit Dianas Bild usw. – betrug insgesamt etwa 15 000 Tonnen (ohne die Blumen). Kondolenzbücher wurden aufgelegt, zunächst im St. James-Palast, dann im ganzen Land und später in der ganzen Welt. Als die zweiundvierzig Bücher aus dem Kensington-Palast, Dianas Wohnsitz, am 21. September geschlossen wurden, enthielten sie 300 000 Unterschriften. Bis Ende September waren allein in England drei Millionen CDs von Elton Johns *Candle in the Wind*, das er an der Trauerfeier vorgetragen hatte, verkauft (weltweit waren es 21 Millionen). Die Pressebeobachterfirma Durrants stellte fest, die Behandlung des Themas in der Weltpresse übersteige in jeder Hinsicht alles bisher Dagewesene.

«Bis zu diesem Jahr schien es, als würden die alten Werte ewig halten», schrieb Martin Jacques am Tag nach der Beerdigung im *Observer*. Aber dann gab es eine «Blumenrevolution». Er fuhr fort:

> «Eine Woche lang hat die größte und spontanste Volksbewegung seit dem Zweiten Weltkrieg alles weggewischt und, wie alle Volksrevolutionen, alles verändert. Früher waren wir eine steife Nation und unfähig, Gefühle zu äußern. Jetzt sind wir aufgewacht. Wir wissen jetzt allem Anschein nach, wie man Gefühle zeigt und in der Öffentlichkeit trauert. Die Trauerhilfsorganisation CRUSE mußte sogar eine eigene Telefonlinie einrichten. Das alles wegen der Trauer um eine einzige Frau?»

Das Internet hatte ein neues Thema. Auf der Suche nach Möglichkeiten, die tiefe Traurigkeit auszudrücken, fand man es buchstäblich vor seinen Fingerspitzen – ein «Web der Tränen». Eine Woche nach dem Unfall zählte der

Browser von *Infoseek* über fünfhundert Webseiten zu Diana. Die meisten dieser Seiten boten «Gästebücher» an, an die Tausende ihre E-Mails schickten. Nur eine Woche nachdem *America Online* ein «elektronisches Kondolenzbuch» eingerichtet und versprochen hatte, die Nachrichten an die königliche Familie weiterzuleiten, hatten über 135 000 Benutzer reagiert.

Die erstaunlichen Reaktionen auf den Tod von Prinzessin Diana entzogen sich allen Erklärungsversuchen der Kommentatoren über die Befindlichkeit der Nation. «Leid führt Menschen zusammen» – der Tod von Prinzessin Diana war dafür ein schlagender Beweis. In einer Zeit, in der sich Nachbarn kaum mehr kennen, ermöglichte eine impulsive Reaktion selbst Fremden, an der kollektiven Trauer teilzuhaben. Die Reaktionen auf Prinzessin Dianas Tod kamen von Privatleuten, die auf diese Weise mit der öffentlichen Tragödie fertig zu werden versuchten.

Ähnliche Beispiele finden wir, wenn wir an die Reaktionen auf den Tod Unschuldiger denken, die bei anderen Unglücksfällen ums Leben kamen. In den 80er Jahren gab es in unserem Land einige solcher Tragödien. Da war 1985 das Feuer im Fußballstadion von Bradford, der Brand in der Untergrundstation von King's Cross im Jahr 1987, bei dem dreißig Menschen umkamen, und vor allem das Unglück im Stadion von Hillsborough, bei dem 94 Fans erdrückt und 170 verletzt wurden. Ein Bild, das sich uns im Zusammenhang mit der Katastrophe von Hillsborough eingeprägt hat, sind die Mengen von roten Schals, von Kappen, Hemden und anderen Erinnerungsstücken, die die Geländer schmückten und das ganze Stadion von Anfield füllten, der Heimat des betroffenen Liverpooler Clubs.

Nach dem entsetzlichen Amoklauf von Hungerford

(1987), als ein Mann vierzehn Menschen erschoß und fünfzehn weitere verletzte, war auf einem der Hunderte von Kränzen, die auf den Stufen zum Rathaus lagen, zu lesen: «Den Gefallenen». Ein freies Feld in Centre Moriches im Staat New York, der Stadt, die am nächsten an jenem Teil der Küste liegt, wo 1996 der TWA Flug 800 explodierte, ist inzwischen zu einer Gedenkstätte umgewandelt worden. Ein gepflasterter Weg trägt die Namen der 230 Toten.

Unsere Weise zu trauern und unsere Gefühle auszudrücken orientiert sich daran, wie wir die im Krieg Gefallenen ehren. Das Mahnmal für die Gefallenen, an dem der Sarg von Prinzessin Diana auf dem Weg in die Westminster Abbey vorbeigetragen wurde, war auf öffentlichen Druck hin als bleibende Erinnerung an jene, die im Kampf für ihr Vaterland im Ersten Weltkrieg ihr Leben lassen mußten, in Whitehall errichtet worden. Schon 1919 zeigten die Engländer also, daß sie auf eine Art zu Gefühlen fähig waren, die das offizielle Britannien als zutiefst unbritisch empfand.

Wie läßt sich Trauer am besten beschreiben?

Der Tod, jenes «natürlichste und doch auch unnatürlichste Ereignis», ruft ein Gefühl des Verlusts hervor, das wir «Trauer» nennen. Das Wort «trauern» kommt aus dem Althochdeutschen und bedeutete dort soviel wie «die Augen niederschlagen» oder auch «schlaff sein, nachlassen, aufhören». Die Trauer, die wir empfinden, rührt vom Verlust her und der Reaktion auf einen plötzlichen, scheinbar sinnlosen Tod, der unser Herz betrübt und uns die Lebenskräfte raubt. Das Trauern selbst ist der Prozeß, in dem wir versuchen, mit dem Verlust in unserem Leben zurechtzukommen. Wir stellen uns dem Schmerz über diesen Verlust, wir lassen ihn an uns heran und kommen dann irgendwann darüber hinweg. Dabei ist Trauer etwas ganz Persönliches. Wie jeder einzelne sie erlebt, hängt davon ab, wie bereit er ist und wie stark er den Verlust empfindet. Das eine wird jeder, der Erfahrung in der Begleitung Trauernder hat, aber sagen können: Jeder Mensch trauert anders. In seiner vielbeachteten Untersuchung über die Trauer spricht Colin Murray Parkes von vier Hauptphasen des Trauerprozesses: der Phase von Lähmung, Schock und teilweisem Leugnen des Verlusts; einer Phase der Sehnsucht mit dem Drang, den verlorenen Menschen wiederzugewinnen; einer Phase der Unordnung, der Verzweiflung und des allmählichen Anerkennens des Verlusts; und schließlich einer Phase der Neuorientierung und Entschlossenheit.

Oft kommt es auch zu körperlichen Reaktionen. Doch auch dort, wo diese nicht auftreten, ist die Trauer kein in geordneten Bahnen verlaufender Prozeß. Bei einem großen Verlust dauert die Schockphase normalerweise etwa zwei Wochen. Der gesamte Trauerprozeß kann zwei bis vier Jahre dauern. Auch die Auseinandersetzung mit der Trauer ist keine geradlinige Angelegenheit, ja, oft fühlt man sich davon regelrecht überfallen. Eines der bewegendsten Bücher zu diesem Thema ist *Über die Trauer* von C. S. Lewis. Er schrieb es in den ersten Monaten, nachdem seine Frau Joy ihrem Krebsleiden erlegen war. Aus seinen Worten geht besonders klar hervor, welche beherrschende Macht die Trauer auf den Hinterbliebenen ausübt:

> «Heute abend ist wieder die ganze Hölle frischer Trauer los; die rasenden Worte, der bittere Groll, das Flattern im Magen, der Alptraum vom Nichts, das Suhlen in Tränen. Denn in der Trauer läßt sich nichts ‹festnageln›.

> Immer wieder taucht man aus einer Phase auf; aber
> sie kehrt immer wieder. Um und um. Alles wiederholt
> sich. Bewege ich mich im Kreis, oder darf ich hoffen,
> es sei eine Spirale? Und wenn eine Spirale, steigt sie oder
> fällt sie?»

Gefühle, die durch den Tod eines geliebten Menschen hervorgerufen werden, sind ungeheuer stark. Wenn man sich ihnen nicht stellt, sie nicht an sich heranläßt und damit umgehen lernt, werden sie zu einer zerstörerischen Macht. Sie nicht wahrhaben wollen heißt die Wirklichkeit leugnen.

1969 veröffentlichte Elisabeth Kübler-Ross, eine Pionierin auf dem Gebiet der Sterbeforschung, ein inzwischen zum Klassiker gewordenes Buch, in dem sie die Aufarbeitung der Trauer in fünf einzelne Stufen klassifiziert: Betroffenheit und Schock; Wut und Aggression; Verhandeln und sich nicht abfinden wollen; Depression und schließlich Annahme.

Egal ob der Verlust eines geliebten Menschen erwartet wurde oder ob er unerwartet eintritt, die erste und häufigste Reaktion ist Schock und Nichtbegreifenkönnen. Das führt zu lautem oder auch leisem Weinen. Manche Menschen reagieren verstört, erschüttert und verwirrt. Sie sind unfähig zu glauben, daß der Verlust tatsächlich eingetreten ist. Andere empfinden das Leid womöglich sogar körperlich bis in den Magen.

Die nächste Phase ist eine Periode des tiefen Schmerzes. Angst- und Panikgefühle, Hilflosigkeit und Hoffnungslosigkeit treten auf. Das Ausmaß dieser Gefühle kann den Trauernden entweder lethargisch oder hyperaktiv werden lassen und in ihm den Wunsch wecken, Wut auszudrücken, wobei er oft gleichzeitig Schuldgefühle empfindet. Das ist besonders da der Fall, wo er keine Gelegenheit hatte, vorher noch alles in Ordnung zu bringen, seine Liebe auszudrücken und sich zu verabschieden. In unserer Verzweiflung kann es vorkommen, daß wir uns in Gedanken ständig damit quälen, warum wir nicht öfter angerufen oder den anderen besucht haben. Weil der Verstand sich so übermäßig mit diesen Gedanken beschäftigt und das Herz von so vielen Gefühlen bewegt wird, können manche nur noch unruhig schlafen und werden von Alpträumen gequält.

Nach dem anfänglichen Schock, der Betroffenheit und Wut kommt der Trauernde in die Anpassungsphase, denn die Abläufe des Alltags müssen sich allmählich ändern. Für den Geliebten ist der Tod ein Schlußpunkt, für den Überlebenden ist er ein neuer Anfang. Indem wir uns mit dem Verlust arrangieren und die notwendigen Änderungen vornehmen, lernen wir es, weiterzugehen.

Wie fühlt sich die Trauer an? Einer der erfolgreichsten englischen Kinofilme der letzten Jahre war wohl der Streifen *Vier Hochzeiten und ein Todesfall.* Bei der Beerdigung wird ein Gedicht von W. H. Auden vorgelesen, das seitdem zu einem der beliebtesten Gedichte geworden ist. Darin heißt es, daß die ganze Welt doch spüren müßte, was wir verloren haben, und daß unser Leben keinen Sinn mehr hat. Eine Zeile aus dem Gedicht fand sich auf einer Karte, die an einen Blumenstrauß geheftet war, der nach Dianas Tod abgelegt wurde: «Sie war mein Nord, mein Süd, mein Ost, mein West.»

Es ist wohl kaum eine Frage, daß all jene, die die Prinzessin persönlich kannten, ähnlich empfanden. Doch was fühlten die Menschen, die nicht zu diesem persönlichen Freundeskreis gehörten? Wie sah ihre Trauer aus?

War es wirklich Trauer?

Zunächst einmal müssen wir zugeben, daß es eine gewagte Sache ist, die Qualität der Trauer eines anderen Menschen zu beurteilen. Dennoch möchte ich hier die Frage stellen, ob es wirklich Trauer war, was die Menschen empfanden, vor allem wenn man bedenkt, was wir gerade über den Trauerprozeß gesagt haben. Sicher, da waren die Betroffenheit und der Schock anläßlich der tragischen Nachricht. Da war der Versuch, das Geschehen zu verleugnen, das Nichtbegreifenkönnen und daneben der Wunsch, die Prinzessin möge noch leben. Aber das war keine echte Trauer – Trauer, die uns den Magen umdreht und unser ganzes Denken beherrscht. Das soll nicht heißen, daß unsere Gefühle nicht echt waren. Aber es gab keine allgemeine Periode der Traurigkeit. Haben wir um uns selbst getrauert oder den Abschied von einem Traum beweint? Interessant ist jedenfalls, wie schnell wir alle wieder zur Tagesordnung übergegangen sind.

Wie wir gesehen haben, berührt uns der Tod auf unterschiedliche Weise. Das wurde leider kaum berücksichtigt. Die Zeitungen, von den Massenblättern bis zu den Illustrierten, forderten gegen Wochenmitte, daß der Palast und die königliche Familie ihre Trauer «teilen» sollten. Die Menschenschlangen, die darauf warteten, ihre Blumen niederzulegen oder sich im Kondolenzbuch einzutragen, erhoben lautstark Klage. Sie alle zeigten ihren Kummer in der Öffentlichkeit. Warum konnte die königliche Familie es ihnen nicht gleichtun? Als Premierminister Tony Blair auftrat, um das Verhalten der Windsors zu verteidigen, die sich anscheinend in Balmoral einigelten, versicherte er uns: «Wir dürfen nicht vergessen, daß die königliche Familie unseren Schmerz teilt.»

Aber wessen Schmerz war es denn? Konnten wir überhaupt von «unserem Schmerz» sprechen? Und kann echte Trauer gerade jenen Menschen, die der toten Person am nächsten standen, vorschreiben, wie sie ihre Gefühle auszudrücken haben? Decca Aitkenhead vom *Guardian* sagte:

»Es ist schwer einzusehen, mit welchem Recht die Öffentlichkeit und die Medien die Art verurteilen, in der die königliche Familie sich zu trauern entschieden hat. Sie gehören zu den wenigen Menschen, die wirklich den Schmerz der persönlichen Trauer auszuhalten haben, und sie haben ein Recht darauf, so Leid zu tragen, wie sie selbst es wünschen.»

Es herrschte so etwas wie die Vorstellung, weil wir so viele Blumen niedergelegt und so viele Karten geschrieben hatten, hätten wir das Recht, dieselbe Art von öffentlich zur Schau gestellter Trauer zu verlangen.

Eintausendneunhundert Trauergäste füllten die Westminster Abbey, und eine weitere Million hatte sich am 6. September in London zur Trauerfeier versammelt. Allein in England verfolgten 31 Millionen Menschen den Gottesdienst vor dem Fernseher – mehr als die Hälfte der Bevölkerung. Über zwei Milliarden waren es weltweit – die größte Zuschauerzahl in der Geschichte des Fernsehens.

Aber das Zuschauen (auch meines) und das Weinen (auch meines) sind kein Gradmesser der Trauer. Sozialkommentator Ian Jack kam zu folgenden Überlegungen:

«Dies ist ein erholsamer Kummer (ein ‹Schau-mich-an-Kummer›, wie Julian Barnes es nannte). Er war angenehm und versetzte den Trauernden aus dem Publikum in eine Bühnenrolle im letzten Akt der sechs Tage dauernden Oper. Es war ein Kummer, dem der Schmerz fehlte – Kummer *light*.»

Gewiß waren wir traurig. Nur – worüber eigentlich? Der Tod von Prinzessin Diana hat gezeigt, daß die Menschen eine Gelegenheit brauchen, ihren Schmerz zu äußern. Suzanne Moore schrieb im *Independent on Sunday*: «Wie so viele andere habe ich über den Verlust geweint – diesen Verlust und die anderen Verluste, die er mir in Erinnerung brachte.» Es gab viele Berichte über ähnliche Reaktionen: Ein Mann erzählte, er habe bei Dianas Beerdigung mehr geweint als bei der seines Vaters vor acht Jahren. Ein anderer, dessen Frau nach vierzig Jahren Ehe im Frühling an Krebs gestorben war, berichtete, obwohl er beim Tod seiner Frau keine Tränen vergossen habe, habe er bei der Nachricht von Dianas Unfall haltlos geweint.

Wenn wir so bewegt waren, was müssen dann die Prinzen William und Harry empfunden haben? Im Film *Ordinary People* macht der Psychiater, der dem gequälten Conrad vom Tod seines ertrunkenen Bruders berichtet, eine scharfsinnige Bemerkung. Er sagt: «Wenn du keinen Schmerz spürst, wirst du auch sonst nichts spüren.» Nur ein paar wenige Menschen, die Diana wirklich nahestanden, können ihr Fehlen wirklich spüren – wenn sie zum Beispiel ins Zimmer kommen und irrtümlich erwarten, sie sei anwesend. Für die beiden Prinzen ist der Verlust kaum abzuschätzen. Für sie ist Diana unersetzlich. Und das Ganze wird erschwert durch ihre eigene gesellschaftliche Stellung und die Umstände des Todes ihrer Mutter.

Diana war eine liebevolle und engagierte Mutter und hat ihren Söhnen ein reiches Erbe an Liebe hinterlassen. Sie hat William und Harry zu Echtheit und königlicher Haltung erzogen. Die Prinzen erhielten, als sie noch jung waren, die Liebe und Zuwendung, die sie brauchten, und dieses Vermächtnis wird sie auch durch ihr weiteres Leben begleiten.

Teenager sind im allgemeinen durchaus fähig zu begreifen, was es bedeutet, einen geliebten Menschen zu verlieren. Für die Prinzen verbindet sich damit aber auch die sehr realistische Befürchtung, daß, wenn schon ihre eigene Mutter, eine Prinzessin, nicht verschont blieb, auch ihnen, wie jedem anderen, Ähnliches passieren könnte. Sie haben sich zu einer Zeit in ihrem Leben mit der Sterblichkeit auseinanderzusetzen, wo ihre Altersgenossen eher an die eigene Unsterblichkeit glauben. Ich bete darum, daß Prinz William und Prinz Harry immer fähig sein werden, ihre Gefühle auszudrücken, und daß sie es lernen, mit dem Verlust ihrer Mutter zu leben, anstatt nach einem Ersatz zu suchen.

Wenn von einem Obstbaum ein Ast abgeschnitten wird, überlebt zwar der Baum, aber er ist für immer verändert. Er hat nicht mehr die ursprüngliche Gestalt – da ist plötzlich eine Lücke. Trotzdem wird er wieder blühen und neu ausschlagen, vielleicht noch kräftiger als vorher. Und das wünsche ich auch den Prinzen: daß sie weiter blühen können, trotz der leeren Stelle.

Obwohl es schwierig ist, die Reaktionen auf Prinzessin Dianas Tod zu erklären, lassen sich wohl zwei Dinge feststellen. Hier sind in einer Zeit des nationalen Leids ganz neu entstandene Trauerrituale mit einer neuen Liebe für die englische Königsfamilie zusammengekommen. Sich un-englisch zu verhalten kann manchmal ziemlich englisch sein!

Zerstörte Träume

Irgendwann träumt jedes Kind davon, ein Prinz oder eine Prinzessin zu sein. Das ist nichts Besonderes. In unserer Kindheit hörten wir Geschichten von Prinzessinnen, die durch siebzehn Matratzen hindurch eine Erbse spürten, von Fröschen, die zu Prinzen wurden, wenn man sie küßte, oder von Küchenmädchen, die plötzlich erfuhren, daß sie eigentlich Königstöchter waren. Die Bilder von Disneyfilmen spuken uns im Kopf herum und die Theaterstücke, in denen wir als Schulkinder mitspielten.

Im Sommer, in dem Diana starb, wurden zum ersten Mal seit 1642 die Stücke von William Shakespeare wieder im Globe-Theater in London gespielt – auf der Bühne, für die sie ursprünglich geschrieben wurden. Nach dreieinhalb Jahrhunderten hat man dieses Theater am Originalstandort und nach den Originalplänen wieder aufgebaut. Das Leben von Prinzessin Diana vereinigte in sich alle Elemente eines Shakespeare-Stückes – Liebe, Schmerz, Ehebruch, Intrigen und Skandale. Und ihr plötzliches, tragisches Ende gab dem Leben, das als bezauberndes Märchen begann, eine letzte Shakespearesche Wende.

Als Kind saß ich oft am Samstag nachmittag vor dem Fernseher und sah eine der populären Fernsehshows an, in der Träume wahr wurden. Jimmy Saville, der Moderator, war der Geist aus der Flasche, bei dem jedes Kind einen Wunsch frei hatte. Was war die am häufigsten geäußerte Bitte? Einmal einen Tag lang Prinzessin zu sein. Aber Prinzessin für den Rest des Lebens? Nun, es ist die Frage, ob in England nach Diana sich irgend jemand das noch wünscht.

Am Tag, an dem Diana starb, gab Premierminister Tony Blair ihr den Titel, der in der Folgezeit wohl am häufigsten gehört wurde: *People's Princess*, Prinzessin des Volkes, Volksprinzessin. Genau dies hatte sie sich immer gewünscht – nicht durch Geburt oder Heirat Prinzessin zu sein, sondern durch den Willen des Volkes.

Als Prinzessin des Volkes lebte sie in der Märchenwelt, in die viele Menschen unserer Generation so gern entfliehen würden. Gleichzeitig sah sie sich aber mit der unbequemen Wirklichkeit des Lebens konfrontiert, der wir entkommen wollen.

Dichtung und Wahrheit

Die Menschen, die uns am wichtigsten sind, tragen ganz wesentlich dazu bei, uns zu dem zu machen, was wir sind. Unsere stärksten Gefühle und Regungen – Liebe, Zorn, Fürsorge, Dankbarkeit, Neid und Heldenverehrung – entstehen im Kontakt mit anderen Menschen. Ein großer Teil unseres Innenlebens ist von anderen Menschen besetzt. Sie prägen unsere Erfahrungen, unsere Erinnerungen, unsere Phantasien und Hoffnungen.

Unsere heftige Reaktion auf Dianas Tod hat uns jedoch auch deutlich gemacht, daß es nicht unbedingt die uns umgebenden Menschen sein müssen, die uns am meisten prägen; nicht die Mitglieder unserer Familien oder andere, mit denen wir gemeinsam eine Wegstrecke zurücklegen. Es ist eines der Kennzeichen unserer Kultur, daß wir täglich mit einer großen Zahl von fiktiven Personen in Kontakt kommen. So können die Charaktere in einer englischen oder australischen Fernsehserie oder die künstlich gezüchteten Stars einer Popgruppe wichtiger für uns sein als die eigene Familie oder unsere Freunde. Wir ergötzen uns an den

Höhen und Tiefen nur in der Phantasie existierender Menschen. Eine echte Seifenoper über ein echtes Königshaus, das von einer Unzahl echter Probleme heimgesucht wird, so etwas ist natürlich noch fesselnder.

Im Fernsehen, in Romanen, Filmen und Videos werden die Menschen in eine Traumwelt entführt und laden ihrerseits Traummenschen und -erlebnisse in ihr Leben ein. Das Problem ist, daß die Grenze zwischen Traumwelt und Wirklichkeit dabei immer mehr verwischt wird und unsere Hoffnungen, Ängste und Wünsche mehr auf Fiktion beruhen als auf der Realität.

Die Geschichte von der Volksprinzessin ist eine zutiefst anrührende Geschichte. Hier sehen wir mehr als irgendwo sonst, wie sich die Grenzen zwischen Dichtung und Wahrheit verwischen. Diana war die Frau, über die auf der ganzen Welt am meisten berichtet wurde. Ihr Leben war Stoff für die Nachrichten. Wir wollten nicht nur alle Einzelheiten über ihre öffentlichen Auftritte wissen, sondern auch über ihr Privatleben. Sie wurde die beliebteste Gestalt, das bekannteste Gesicht, die packendste Darstellerin in der königlichen Seifenoper. Nur war das, was hier die Welt bewegte, nicht die Wirklichkeit, sondern Dichtung; nicht die echte Person, sondern ein Bild. Und nicht Diana selbst versuchte, dieses Phantasiegebilde zu schaffen. Die Medien behaupten immer, sie würden nur das zeigen, was die Menschen zu sehen wünschen. Es gibt Fälle, wo das nicht stimmt. Doch ich frage mich, ob es im Fall von Diana nicht tatsächlich zutraf. Wir alle wollten eine Prinzessinnengeschichte, ein Märchen, eine Phantasiegestalt, die uns helfen konnte, unserem so gewöhnlichen Leben zu entfliehen.

Das Problem ist, daß Märchenprinzessinnen wirklich nur im Märchen vorkommen. Wir aber wollen, daß unser Märchen Wirklichkeit wird. Diana wurde als Märchenprinzessin dargestellt, aber gleichzeitig gewannen wir durch sie den Eindruck, daß Märchen tatsächlich wahr werden können. Und weil wir uns das schon immer gewünscht hatten, machten wir mit und ließen uns davontragen.

Wir können uns kaum an eine Zeit erinnern, in der wir nicht von Prinzessin Diana fasziniert waren. Einen großen Teil ihrer frühen Jahre verbrachte sie jedoch ziemlich unauffällig. Lady Diana Frances Spencer wurde am 1. Juli 1961 in Park House, dem Anwesen der Spencers in Norfolk, in eine englische Adelsfamilie hineingeboren. Ihr Vater, Earl Spencer, hatte das Haus von Königin Elisabeth II. gemietet. Er war unter Königin Elisabeth und auch schon unter ihrem Vater, König George VI., königlicher Stallmeister. Ihre ersten Jahre verbrachte Diana in Park House und später auf dem Familiensitz Althorp.

Ihre Schulbildung begann sie in Riddlesworth Hall, einem Mädcheninternat in Norfolk. Anschließend besuchte sie die West Heath School in Kent und schließlich ein Pensionat in der Schweiz, wo ihr Französisch den letzten Schliff bekam und sie sich zur begeisterten Skifahrerin entwickelte. Mit sechzehn Jahren kam sie nach England zurück. Da sie sich von Natur aus zu Kindern hingezogen fühlte, begann sie als Helferin in einem Londoner Kindergarten zu arbeiten.

Am 24. Februar 1981 wurde dann eine Mediensensation geboren. Prinz Charles und Lady Diana gaben ihre Verlobung bekannt. Mit Millionen anderen verfolgte auch ich aufmerksam die Beziehung zwischen Charles und Diana. Bei der offiziellen Ankündigung gab es im Parlament laute Jubelrufe. Die HMS *Bronington*, der Kreuzer, auf dem Prinz Charles gedient hatte, feuerte 21 Schuß Salut ab. Vor den Toren des Palasts meinte eine Frau in einem Interview: «Das ist einmal eine Nachricht, bei der man sich wieder freut, Engländerin zu sein.» Am 29. Juli heirateten die beiden in einer prächtigen Zeremonie in der St Paul's Cathedral. Die «Märchenhochzeit» wurde vom Fernsehen zu Millionen in aller Welt übertragen.

Nun schien sich zu bestätigen, daß Märchen auch heute noch Realität werden können. Aschenputtel durfte auf den Ball. Wie liebten wir Diana, als sie durchs Kirchenschiff zu ihrem Prinzen schritt, eingehüllt in schimmernde weiße Seide, das Gesicht hinter einem Hauch von Schleier halb verborgen, die Schleppe wie eine Flut hinter sich herziehend. Als die Orgel dröhnte, flossen unsere Herzen über. Ihr Prinz war ein beherrschter, aufrechter Mann. Als er sie auf dem Balkon des Buckingham-Palasts küßte, wurde die schlafende Schönheit von ihrem Geliebten zum Leben in einer neuen Welt erweckt. Die Allgemeinheit war hingerissen, und jeder dachte: «Ob sie wirklich für immer glücklich sein werden?»

Für die Zuschauer war es, als blickten sie in eine Märchenwelt; die Wirklichkeit jedoch sah gänzlich anders aus. Denn für Diana präsentierte sich die Situation schon damals weitaus komplizierter: Sie hätte viel lieber ein häusliches Leben geführt. Der Traum vom Aschenputtel endet für die meisten Frauen recht bald in der harschen Realität eines Schneewittchen. Sie entdecken schnell: Wenn sie ein Dach über dem Kopf haben wollen, wo sie bleiben können und wo für sie gesorgt wird, müssen sie auch bereit sein, «die Betten zu machen, zu kochen, zu waschen, zu nähen, zu spinnen und alles sauber und ordentlich zu halten», so wie Schneewittchen es für die Zwerge tat. Diana aber wusch und kochte anscheinend gern. Sie wollte für die Menschen, die sie liebte, sorgen; sie wollte zu einer normalen Familie mit einem ganz gewöhnlichen Alltag gehören.

Annahme

Wir alle wollen akzeptiert und angenommen werden. Das Problem ist, daß wir nicht wegen unserer Leistungen oder wegen unseres Aussehens geliebt werden wollen, auch nicht wegen unseres Beitrags zu irgendwelchen hehren Zielen, sondern um unserer selbst willen. Dianas Wunsch nach Anerkennung aber wurde von der Strenge und der Disziplin, die von ihr als Prinzessin verlangt wurden, erstickt. Sie hatte den Titel angenommen; nun mußte sie sich den Formalitäten und Anforderungen, die ihr auferlegt wurden, beugen.

Dianas Aufgabe war es, schön auszusehen, zu winken und Kinder zu gebären. Das Märchenschloß wurde zum Käfig, sie wurde die Gefangene von Wales. Es ist nicht klar, wieviel Diana bei der Gestaltung ihres öffentlichen wie ihres privaten Lebens mitzureden hatte. Doch von beidem hatte sie ihre eigenen Vorstellungen.

So gingen zwei Menschen trotz aller Privilegien, die sie genossen, und trotz ihres ungeheuren Reichtums auf Kollisionskurs. Diana hatte nicht vor, sich in die Rolle der typischen Märchenprinzessin zu schicken. Sie war nicht die Frau, die sich von ihrem edlen Prinzen aufs Pferd setzen und führen läßt, wohin er will. Anstatt unterwürfig zu sein, begann sie ihre eigene Identität zu entdecken und eigene Spuren zu hinterlassen.

Vor allem aber versuchte sie sich Freiraum zu schaffen, um das sein zu können, was sie sich als Kind über alles gewünscht hatte – Mutter. Prinzessin Diana sah viele ihrer Probleme im Zusammenhang mit der Trennung ihrer Eltern. Damals war sie erst sechs Jahre alt gewesen. Das Ereignis hatte bei ihr so tiefe Spuren hinterlassen, daß sie sich viele Jahre später noch daran erinnerte, wie ihr Vater die

Koffer ihrer Mutter ins Auto lud; wie sie die Schritte ihrer Mutter auf dem knirschenden Kies hörte, das Zuschlagen der Autotür, das Aufheulen des Motors und das allmählich in der Ferne verebbende Motorengeräusch des Wagens, der ihre Mutter durch das Tor und aus ihrem Leben davontrug. Der Verlust hinterließ in Diana ein ungeheures gefühlsmäßiges Defizit, das sie ständig zu füllen suchte.

Am 21. Juni 1982 kam Prinz Charles' und Prinzessin Dianas Sohn William zur Welt – der zukünftige Thronerbe –, und am 15. September 1984 wurde ihr zweiter Sohn Harry geboren. Nun hatte Diana das, was sie sich immer gewünscht hatte. Hier waren die Geschenke, die sie am meisten schätzte: nicht Kronen oder Diademe, nicht Kleider und nicht einmal die Sympathien der Menschen, sondern ihre Söhne. Und doch wissen wir heute, daß ihr, anders als im Märchen, gerade das, wonach sie sich am meisten gesehnt hatte, nämlich ein glückliches Familienleben, auch jetzt nicht vergönnt war.

Wer hat den Traum zerstört?

Prinzessin Diana gewann unsere Aufmerksamkeit zunächst als Nebendarstellerin im königlichen Drama. Dann aber wurde sie zur Hauptfigur. Schließlich zog sie den Vorhang ganz zur Seite und gab den Blick frei auf die Intrigen, die sich hinter der Bühne abspielten. Damit nahm sie der Schau den Zauber. In früheren Zeiten wäre sie dafür enthauptet worden wie andere Frauen, die dem Thron einmal nahegestanden, dann aber unbequem geworden waren.

Nachdem die königlichen Schwächen Jahrhunderte lang unter den Teppich gekehrt worden waren, wurde der Deckel nun gelüftet. Herzkönig und Herzdame gingen plötzlich an die Öffentlichkeit. Die dunkle Seite des Märchens erschien auf dem Bildschirm, der Prinz und die Prinzessin gaben getrennt vor der Kamera ihre Interviews. Ans Licht kam eine morsche Monarchie.

Dabei verhielten sich der Prinz und die Prinzessin überhaupt nicht ungewöhnlich, wie wir aus der Geschichte des Königshauses wissen. Sie waren nicht unmoralischer und nicht promiskuitiver als andere vor ihnen. Geändert hatte sich allenfalls die Aufmerksamkeit, mit der man ihr Leben verfolgte. Zum ersten Mal erhielt die Öffentlichkeit Einblick in das, was eigentlich schon immer gang und gäbe war – und nicht nur in den königlichen Kreisen, sondern in allen Schichten der Gesellschaft und zu allen Zeiten. Der Märchenprinz und seine Prinzessin lebten vor den Augen der ganzen Welt, was jede Familie kennt – zerbrochene Beziehungen. Dianas Leben, so mußten wir erkennen, enthielt nicht nur Elemente aus dem Märchen, sondern auch aus der ganz realen Welt, die uns allen so vertraut ist.

Wir sind Geschöpfe des Talkshow-Zeitalters, wo Stars und ganz gewöhnliche Menschen Schlange stehen, um von ihrem Unglück zu berichten und ihre «So-habe-ich-gelitten»-Geschichten loszuwerden. Das bringt Glaubwürdigkeit. Was also hätte uns mehr beeindrucken können als eine Frau, die all unsere geheimsten Hoffnungen verkörperte und doch gerade das erleben mußte, was wir alle wohl am besten kennen und womit wir uns am ehesten identifizieren können – Leid und Schmerz! Damit wurde gerade Diana zu dem, was die feministische Autorin Suzanne Moore die «Heldin der Frauenbewegung» genannt hat.

Verdammt zu einer Ehe, in der die Liebe fehlte, unter dem Druck eines starren höfischen Protokolls und den ständigen Blicken der Öffentlichkeit ausgesetzt, wurde Diana krank. Die Prinzessin litt an Bulimie.

Die modernen Eßstörungen sind im Grunde gar nicht so modern. Bereits zu Anfang des achtzehnten Jahrhunderts wurden ihre Symptome von Georgio Baglivi, dem Vorsteher der medizinischen Fakultät am Collegio Della Sapienza in Rom, beschrieben und 1874 von William W. Gull und Charles E. Laseguè benannt. Doch erst im späten zwanzigsten Jahrhundert haben sich Anorexie und Bulimie zu *der* Krankheit der Frauen entwickelt. Es handelt sich dabei um psychische Störungen, und sie deuten hin auf viel tiefer sitzende Ursachen. Dahinter verbirgt sich nicht nur der Wunsch, dem gängigen Schlankheitsideal zu entsprechen, sondern eine Art Selbstverachtung und Abscheu vor dem eigenen Körper und der Sexualität. 1988 begann Diana eine Therapie bei einem Psychiater im Guy's Krankenhaus in London. Es muß für sie eine große Ermutigung gewesen sein zu hören, daß Tausende von Frauen als Folge ihres öffentlichen Eingeständnisses nun ebenfalls Hilfe suchten.

In seiner Biographie schildert Andrew Morton die Hilferufe, die Diana ausgesandt hatte, indem sie sich selbst Schnittwunden in Brust und Beine zufügte. Es ist oft schwer zu sagen, ob hinter einem Selbstmordversuch tatsächlich die bewußte Absicht steht, dem eigenen Leben ein Ende zu setzen, oder eher der Wunsch, zwar nicht zu sterben, aber sich selbst Schaden zuzufügen. Bei Umfragen, in denen Menschen nach den Gründen ihrer Tat befragt wurden, gaben viele an, sie hätten wohl beides gewollt – sterben und Hilfe finden. Man kann darum sicher sagen, daß die Gründe für einen Selbstmordversuch bei den meisten Menschen ambivalent sind. Da ist der Wunsch zu sterben, gleichzeitig aber auch der Schrei: «Bitte, helft mir doch, ich komme allein nicht zurecht.»

Selbstmord ist eine Tat, die «in der Stille des Herzens vorbereitet» wird, schrieb der französische Philosoph Albert Camus. Wir werden darum nie mit Sicherheit sagen können, was in Dianas Herz vorging.

Weil sie selbst so viel litt, konnte sie mit denen fühlen, die noch mehr erdulden mußten. Auch wenn sie nicht mehr das Aschenputtel war, für ihre Bewunderer hatte sie eine mindestens ebenbürtige Rolle übernommen – sie war das weibliche Opfer einer brutalen Welt, die sie durch ihre Liebe hatte erlösen wollen. Wir hatten sie in eine Märchenwelt versetzt. Nun konnten wir mit ansehen, wie sie zu einem modernen Sinnbild im Spiel um Macht und Machtlosigkeit wurde. Und da war so gut wie nichts, womit sie das Bild von Diana der Heiligen hätte abschütteln können.

Nicht jedes Märchen geht gut aus. Im Sommer 1992 trat Premierminister John Major vor das Parlament und verkündete die offizielle Trennung des Prinzen und der Prinzessin von Wales. Am 28. August 1996 erließ ein Gericht das rechtskräftige Scheidungsurteil, mit dem die fünfzehnjährige Ehe aufgelöst wurde. Als Scheidungsgrund wurde die «unheilbare Zerrüttung der Ehe» genannt. Zu den bei der Scheidung getroffenen Vereinbarungen gehörte, daß Diana in Zukunft nicht mehr den Titel einer «Königlichen Hoheit» tragen durfte. So endete die Traumehe des Jahrhunderts.

Als Diana auf der Bildfläche erschien, da wollten wir alle miterleben, daß auch heute noch Kindermärchen wahr werden können. Der Kindertraum wurde zerstört, doch dafür bekamen wir einen, mit dem wir uns als Erwachsene viel leichter identifizieren können. Selbst jene, die sich vor allem von der Märchenwelt der Königshäuser faszinieren ließen, spüren jetzt, daß Prinzessinnen in Zukunft wohl wirklich nur noch in Kinderbüchern ihren Platz haben.

Wo aber gehen wir nun hin mit unserer Sehnsucht? Zu

wem können wir aufsehen, wen können wir als Helden verehren? Wer kann uns all das verkörpern, was wir gern sein möchten und was wir brauchen? Gibt es jemanden wie Diana, der in unserer Not, in unserem Schmerz zu uns stehen, der uns, anders als sie, aber auch daraus befreien kann? Gibt es jemanden, der unseren Schmerz nicht nur teilt, sondern uns davon erlöst?

Der König der Herzen

Eines haben die Ereignisse nach dem Tod von Prinzessin Diana wohl unbestreitbar deutlich gemacht: Wir brauchen jemanden, zu dem wir aufsehen (manche würden sogar sagen, den wir anbeten) können. Wir brauchen aber auch jemanden, der wie Diana Leid und Schmerzen kennt und sich deshalb mit uns identifiziert, jemanden, dem die Sorgen und Nöte des täglichen Lebens nicht fremd sind. Im Sommer 1997 wurde dieser Gedanke von der englischen Popgruppe *The Verve*, der wohl populärsten Gruppe der Saison, in ein paar Zeilen ihres erfolgreichen Songs *Bitter Sweet Symphony* zum Ausdruck gebracht:

> I've never prayed but tonight I'm on my knees,
> I need to hear some sounds, which recognise the pain in me.
> (Ich habe nie gebetet, aber heute abend liege ich auf den Knien.
> Ich muß etwas hören, das den Schmerz in mir erkennt.)

Die Reaktionen auf Dianas Tod waren wohl auch deshalb so massiv, weil wir meinten, in ihr hätten wir jemanden gefunden, der auch den Schmerz in unserem Inneren kennt. Wie wir bereits festgestellt haben, kam in der Woge der Gefühle, die uns überflutete, etwas von dieser Sehnsucht nach einem Menschen, der sich mit dem ganzen Jammer der Welt identifiziert, öffentlich zum Ausdruck. Tatsächlich brauchen wir allerdings nicht nur jemanden, der auf unserer Seite steht, sondern jemanden, der uns aus der Not herausführt, uns daraus errettet. So tröstlich es ist zu wissen, daß wir mit unserer Not nicht allein dastehen – was wir brauchen, ist ein Ausweg. Der große Theologe des vierten Jahrhunderts, Gregor von Nazianz, hat gesagt: «Wir feiern nicht unsere Krankheit, sondern die Heilung.»

In Diana fanden die Menschen jemanden, den sie bewundern und dem sie nacheifern konnten. Sie schien auch die Tiefen der Einsamkeit, die Tiefen von Verzweiflung und Schmerz zu kennen, mit denen viele von uns so vertraut sind. Aber sie konnte uns weder daraus heraushelfen, noch konnte das Wissen um ihr Schicksal uns selbst Linderung verschaffen.

Der wahre «Herzkönig» dagegen hat die Weltgeschichte so bewegt, daß sie seither in zwei Teile zerfällt – die Zeit vor seinem Kommen und die Zeit danach. Sein Name: Jesus Christus. Er war keine Königin der Herzen, sondern der König der Liebe. Er war keine Volksprinzessin, sondern der Friedefürst.

Dennoch können zwischen dem Leben von Jesus und dem von Prinzessin Diana ein paar interessante Parallelen gezogen werden. Auch er starb Mitte dreißig; er kannte Leid und Schmerz; von manchen Angehörigen der etablierten Gesellschaft wurde er als Bedrohung empfunden; und sein Leben wurde und wird von den Menschen ganz unterschiedlich beurteilt. Jesus ist ein Mensch, über den fast jeder seine eigene Meinung hat.

Aus welcher Perspektive man ihn auch betrachtet: Jesus Christus ist eine packende Persönlichkeit, ohne Zweifel die wichtigste, welche die Welt je gesehen hat. Er paßt in keine der Schubladen, in die wir die Verstorbenen, die wir bewundern, so gern einordnen.

Von all den Männern und Frauen, die auf der Bühne der Geschichte aufgetreten und dann wieder verschwunden sind, denkt man nur noch an wenige; die meisten sind vergessen. Und ob sich einmal jemand an uns erinnern wird, vermag niemand zu sagen. Aber an Jesus denkt man noch heute. Ja, er hat in der gesamten Menschheitsgeschichte einen ganz besonderen Platz. Das ist um so erstaunlicher, als er nach rein menschlichen Maßstäben eher ein Versager war und einen schmählichen Tod starb. Kaum jemand hielt bis zum bitteren Ende zu ihm, und nur zwei seiner Freunde kamen zur Beerdigung. Er starb in Schande und Verachtung. Daß er einmal die berühmteste Person der Weltgeschichte werden würde, hätte von denen, die an jenem Freitag vor fast zweitausend Jahren in Jerusalem dabeistanden und seiner Hinrichtung zuschauten, kaum einer geglaubt.

Wie Diana war Jesus es gewöhnt, abgelehnt und als Außenseiter behandelt zu werden. Einige seiner Zeitgenossen waren schockiert über sein Auftreten. Andere hielten ihn für einen Narren. Ein paar seiner Verwandten meinten, er hätte den Verstand verloren. Und doch war er, wie Diana, im Volk beliebt und wurde von vielen bewundert.

Jesus ist der Grund, warum das Christentum bis heute lebt und nicht verschwunden ist. Dabei gibt es keine Fotos von ihm, kein Video, keine Interviews, keine Tonbandaufnahmen. Alles, was wir haben, sind vier kurze Berichte über sein Leben, und ein Drittel ihrer Schilderungen ist seinem Tod gewidmet. Daß dieser eigenartige Mann, der im nördlichen Teil Palästinas lebte, einmal die entscheidende Person der Weltgeschichte werden würde, ist darum tatsächlich außergewöhnlich. Wir müssen uns das nur einmal vorstellen: Er kam kaum einmal über die Grenzen seines eigenen Landes hinaus, und doch haben seine Lehren das Denken und Leben von Millionen in aller Welt beeinflußt.

Obwohl Jesus selbst nie ein Buch schrieb, wurden allein im letzten Jahrhundert mehr als hunderttausend Bücher über ihn verfaßt. Hat seine Anziehungskraft irgend etwas mit seinem familiären Hintergrund zu tun? Nein, überhaupt nicht! Er wurde in einem ganz normalen Dorf geboren, als Kind einer einfachen Frau vom Land, und wuchs in einem schmalen Landstrich am östlichen Ufer des Mittelmeers heran, der kaum Bodenschätze barg und auch keine besondere Bedeutung hatte, außer als Landbrücke zwischen dem Zweistromland und Ägypten.

Jesus Christus war ein ganz normaler Mensch, dem diese Menschlichkeit immer abzuspüren war. Etwas anderes kann man auch nicht erwarten, denn in ihm findet das wahre Wesen des Menschen seine eigentliche Erfüllung. Eine Geschichte in der Bibel schildert, wie Jesus zu einem Brunnen in Samaria kam und dort erst einmal rasten mußte, weil er so müde war. Wir begegnen manchmal Menschen, die ständig herumrasen, ohne je müde zu werden oder ihren Schwung zu verlieren. Aber so war Jesus nicht. Ja, es ist interessant zu beobachten, daß er gerade wegen der Dinge am meisten kritisiert wurde, die ihn als ganz normalen Menschen zeigten. Als Johannes der Täufer – der Bote, der die Menschen auf das Kommen von Jesus vorbereiten sollte – zu predigen begann, fiel der Menge auf, daß er sich viel spartanischer ernährte als sie. Also warfen sie ihm vor, er sei ein Spaßverderber. Aber als sie dann Jesus ganz normal essen und trinken sahen, sagten sie: «Er ißt unmäßig und trinkt wie ein Säufer; und zwielichtige Gestalten sind seine Freunde» (Matthäus 11,19). Jesus, der einzige wirklich vollkommene Mensch, der je gelebt hat, zog vor allem die notorisch Unvollkommenen an. Oft erregte er auch deshalb Aufsehen, weil er den körperlichen Kontakt mit jenen nicht scheute, die als «unberührbar» galten.

Stellen wir uns Jesus bloß nicht als Menschen vor, der nie beunruhigt oder zornig war! So wird er in der Bibel nicht geschildert. Nein, dort lernen wir ihn als einen Mann kennen, dessen Zorn sich manchmal sogar gegen seine eigenen Nachfolger richtete. Als seine Jünger ein paar Mütter, die ihre Kinder zu ihm brachten, abweisen wollten, wies er sie zornig zurecht: «Laßt doch die Kinder zu mir kommen! Haltet sie nicht zurück! Denn für Menschen wie sie ist das Reich Gottes bestimmt!» (Markus 10,14). Und dann nahm er die Kinder in die Arme und segnete sie.

Besonders richtete sich sein Zorn gegen die, die sich zwischen Gott und den Menschen stellen wollten. Er nahm ein paar Stricke, machte daraus eine Peitsche und trieb die Händler aus dem Tempel und mit ihnen sogar das Vieh und die Schafe, die zum Opfer bestimmt waren. Er verstreute die Münzen der Geldwechsler, stieß ihre Tische um und sagte zu denen, die ihre Tauben verkaufen wollten: «Schafft das alles hinaus! Das Haus meines Vaters ist doch kein Krämerladen!» (Johannes 2,16).

Irdischen Luxus hat Jesus nie gekannt. Er kam in einem Stall zur Welt, und bei seinem Tod besaß er nichts weiter als die Kleider, die er am Leibe hatte – und selbst die wurden ihm noch weggenommen. Dazwischen führte er ein Leben, das er selbst so beschrieb: «Die Füchse haben ihren Bau, und die Vögel haben ihre Nester; aber der Menschensohn hat keinen Platz, an dem er ausruhen kann» (Matthäus 8,20). Dennoch hatte gerade dieser Mann, der anscheinend gar nichts besaß, in Wirklichkeit alles. Er war der freieste Mensch überhaupt, der menschlichste Mensch, der je gelebt hat. Er besaß die Freiheit, so zu leben, wie es ihm bestimmt war, ohne die Angst, was andere wohl über ihn denken würden, ohne die Angst, irgendwann doch einmal erkannt oder ertappt zu werden. Er war frei, sich am Leben zu freuen. Es wäre darum falsch, Jesus als einen Menschen zu sehen, dem menschliche Freuden fremd waren. Er feierte mit bei einer Hochzeit in Kana, ja, er sorgte sogar dafür, daß der Weinvorrat reichlich ergänzt wurde, damit die Gäste weiterfeiern konnten!

Zu seinen Freunden gehörten begüterte Leute wie Nikodemus und Josef von Arimathia, die reichen Beamten Zachäus und Matthäus, eine Familie aus Bethanien, bei der er oft zu Gast war, und ein paar wohlhabende Frauen, die für ihn und seine Jünger sorgten. Aber er zog diese wohlhabenden Menschen den Armen nicht vor. Er war offen für alle Not der Menschen, egal wo er ihr begegnete.

Oft übersehen wir, daß Jesus auch Gefühle hatte. Er empfand Mitleid, er konnte zornig oder ärgerlich werden. Manchmal war er betrübt, bedrückt, sorgenvoll, bewegt oder traurig. Er seufzte, er weinte, er stöhnte. Er wußte, was Todesschmerzen sind. Er konnte sich aber auch freuen und fröhlich sein. Und er konnte lieben. An Jesus erkennen wir, was es bedeutet, wirklich Mensch zu sein, ein Ebenbild Gottes, ohne Makel oder Fehler.

Wenn die Bibel sagt, Jesus habe «Mitleid» empfunden, dann gebraucht sie ein griechisches Wort, das eigentlich ein Rumoren in den Eingeweiden bedeutet. Es wurde jedoch auch gebraucht, um Gefühle zu beschreiben – so wie wir etwas «herzzerreißend» finden, eine Sache uns «Kopfzerbrechen» macht oder «unter die Haut geht».

Wie Prinzessin Diana, Mutter Teresa und viele andere, die unsere Herzen berührt haben, empfand Jesus Mitleid mit den notleidenden Menschen. Er sah nicht nur ihre äußere, sondern auch die innere Not. Das menschliche Elend, in welcher Gestalt auch immer, rief seine Anteilnahme hervor. Er kümmerte sich um Kranke und Behinderte. Und er war immer da, um Partei für die Armen zu ergreifen. Er berührte Leprakranke und gesellte sich zu den von der Gesellschaft Ausgestoßenen. Zu seinen typischen Eigenschaften gehörte die Fähigkeit, für andere zu leben. Mit den Worten des Apostels Paulus gesagt: «Auch

Christus lebte nicht für sich selbst» (Römer 15,3). Er war für andere da. Es brach ihm das Herz, wenn er Menschen sah, die niedergedrückt oder verzweifelt waren – wie Schafe ohne einen Hirten. Jesus konnte wirklich lieben. Die Liebe ist mehr als ein Gefühl, sie reicht auch dort noch hin, wo Gefühle schwanken oder schwinden.

In Bethanien stand Jesus traurig und weinend am Grab seines Freundes Lazarus. Das Wort, das in unserer Bibel mit «betrübt» übersetzt ist, bezeichnet auch das laute, wütende Schnauben eines Pferdes. Wo es zum Ausdruck menschlicher Gefühle gebraucht wird, bezeichnet es zum Beispiel den Angstschrei oder eine Äußerung der Wut. Jesus weinte. Sein Stöhnen kam aus der Tiefe seines Geistes, es schüttelte ihn geradezu körperlich. Jesus wütete gegen den Tod, jenen schrecklichen Feind, der Lazarus und seine Familie angegriffen hatte und auch jede andere Familie heimsucht. Jesus verurteilt die Gefühle nicht, die uns angesichts des Todes überkommen. Er zwingt uns nicht, sie in die hintersten Winkel unserer Seele zu verdrängen. Jesus versteht unsere Ängste, er gibt uns selbst ein Beispiel, wie wir damit umgehen können, und nimmt Anteil an unseren Nöten, unseren Sorgen und Fragen.

In mancher Hinsicht ist es einfacher zu sagen, was Jesus nicht war, als seine Einzigartigkeit in Worte zu fassen. Denn Jesus war ein Mensch, der in kein Schema paßt. Unser Wortschatz reicht nicht aus, um sein Geheimnis zu ergründen. Jesus entzieht sich unseren Kategorien. Die Geschichte ist voll von Büchern, die versucht haben, ihn letztgültig zu definieren. Aber ihre Verfasser machten Jesus zu klein, weil sie versuchten, ihn unseren menschlichen Maßstäben und unserem Denken anzupassen.

Die letzten Worte des Johannesevangeliums lassen uns etwas davon ahnen, warum jede Schilderung letztlich scheitern muß: «Es gab noch vieles andere, was Jesus getan hat. Aber wollte man das alles eins nach dem anderen aufschreiben, so wäre wohl auf der ganzen Welt nicht genügend Platz für die vielen Bücher, die dann geschrieben werden müßten» (Johannes 21,25). Nachdem ich selbst viele Stunden in Bibliotheken verbracht und Hunderte von Büchern über Jesus durchgeblättert habe, kann ich nur sagen, daß Johannes recht hat.

Einmal gelang es Jesus, den körperlichen Hunger von mehreren tausend Menschen mit fünf Broten und zwei Fischen zu stillen. Aber es war ihm bewußt, daß der innere Hunger noch immer da war – der Hunger, den zu befriedigen er eigentlich gekommen war. Deshalb sagte er ihnen, das Brot, das er ihnen geben wolle, würde sie auf ewig satt machen. Darauf baten sie ihn: «Herr, gib uns jeden Tag dieses Brot.» Und Jesus antwortete: «Ich bin das Brot des Lebens» (Johannes 6,34–35).

Jesus behauptete jedoch nicht nur, er sei vom Himmel in diese Welt gekommen, sondern er sei gekommen, um zu sterben. Der normale Mensch bemüht sich, dem Tod auszuweichen. Wir wollen leben, ob wir nun königlicher Abstammung sind oder nicht. Jesus aber kam, um zu sterben. Ein tragischer Tod ist ein schreckliches, ein beunruhigend frühes Ende. Einer der Eindrücke, der nach Dianas Tod am meisten wiederholt wurde, war die Feststellung, wie schrecklich es doch sei, daß sie so früh sterben mußte – daß ihr Leben als Mutter, als Helferin und als Stimme für die Sache vieler, die keine Stimme haben, so früh zu Ende ging. Und was alles noch trauriger machte, das war das Gefühl, daß sie gerade erst entdeckt hatte, was Glück bedeutet. Das ist ganz natürlich. Für Jesus jedoch war der Tod das Ziel und bedeutete einen neuen Anfang. Er kam, um zu sterben, darauf lebte er hin. Und nur weniges von dem, was er gesagt hat, kann ohne den Bezug zu seinem Tod wirklich verstanden werden.

Der christliche Glaube zeigt uns, daß die Liebe, die uns ins Leben gerufen hat, sich dort am deutlichsten zeigte, wo dieser Mensch ans Holz genagelt wurde. Warum man Jesus tötete? Nun, das ist schnell gesagt: Judas verriet ihn, Petrus verleugnete ihn. Er war so beängstigend anders, daß die Leute ihn loswerden mußten. In seiner Nähe fühlten sie sich einfach zu unbehaglich. Der Herrscher – Pontius Pilatus – versuchte den Schwarzen Peter weiterzuschieben und einfach seine Arbeit zu machen. Andere folgten einfach der Mehrheit.

Ein Aspekt von Jesu Tod, der uns besonders zu schaffen macht, ist, daß er uns zeigt, wozu wir Menschen fähig sind. Wir lesen von Verrat und Verleugnung, von Versprechen, die nicht gehalten werden, von falschen Liebeserweisen, Angst und Ablehnung, von Menschen, denen es wichtiger ist, die eigene Haut zu retten, und anderen, die sich einfach von der Menge treiben lassen und mit dem Strom schwimmen.

Und jeder von uns hat im Kleinen schon selbst erlebt, wie es ist, wenn man so behandelt wird. Der Tod von Jesus führt uns vor Augen, wie wir miteinander umgehen. Und schlimmer noch, er zeigt uns nicht nur, was wir einander antun, sondern auch, was wir Gott antun, wenn wir ihn in die Finger bekommen.

Und so begegnen wir in Jesu Tod einem einzigartigen Ereignis. Gott selbst ist durch seinen Sohn Jesus in das Elend der Welt hineingekommen. Er weiß um alles, was wir erdulden und uns gegenseitig antun – Verrat, gebrochene Versprechen, Leid, Schmerz, Ablehnung, Einsamkeit, Tod. Er ist der gekreuzigte Gott, ein Mitleidender. Er ist einer, der uns kennt, der selbst da war und den Schmerz gespürt hat. Aber nicht nur das.

Er kam nicht nur, um uns in unserer Verzweiflung zur Seite zu stehen, sondern um uns herauszuführen in ein neues Leben. Er ist nicht nur der König der gebrochenen Herzen, sondern auch der Heiler, der zerbrochene Herzen und Leben wiederherstellt.

Ich bin immer wieder erstaunt, wenn auch letztlich nicht überrascht, wie Gott seine Ziele auch durch Menschen und Umstände erreicht, die sich seinem Willen widersetzen. So kann man sicher nicht sagen, daß er Kaiphas, den Hohenpriester, dazu bewegt hätte, Jesus nach dem Leben zu trachten, noch Judas, ihn zu verraten, oder Pilatus, ihn zu verurteilen. Trotzdem hat er deren schlechte Pläne und Entscheidungen benutzt und zu seinen Zwecken eingesetzt. Jesus ertrug alles, weil es keinen anderen Weg gab, um mit den Sünden der Welt fertig zu werden.

Doch Jesus kam nicht nur, um wie wir den Tod zu erleiden, sondern auch, um uns zur Auferstehung zu führen. Als die Soldaten den Stein vor das Grab gerollt hatten, in dem Jesus begraben lag, da meinten alle, die «Jesusbewegung» sei jetzt erledigt. Aber sie hatten sich geirrt. Die Sache ging weiter und wuchs.

Dafür gibt es nur eine Erklärung: Entgegen aller Wahrscheinlichkeit wurde der gekreuzigte Jesus zu neuem Leben auferweckt, nachdem er drei Tage tot gewesen war. Er erschien seinen Jüngern, er begegnete ihnen, er sprach mit ihnen, er aß mit ihnen. Die zerstreuten und verwirrten Nachfolger von Jesus kamen wieder zusammen, und durch sie verbreitete sich die Wahrheit über Jesus Christus, die gute Nachricht. Diese gute Nachricht lautet, daß Gott in Jesus nicht nur in den Schmerz und Zerbruch der Welt hineingekommen ist und daran Anteil genommen hat, sondern daß er auch alles Nötige getan hat, um uns zu heilen und wiederherzustellen.

Er steht uns nicht nur in unserem Schmerz und Leid zur Seite, sondern er führt uns hindurch. Darum ist er auch nicht nur ein Vorbild, ein Held, dem wir nacheifern können, sondern er will uns verändern, so daß wir ihm ähnlich werden. Jesus kam als Erlöser, nicht nur als Lehrer. Wir alle haben Rat und Ermutigung erhalten, die wir gern in die Praxis umsetzen wollen. Wichtig ist, daß wir es auch tun. Jesus hat die Menschen nicht nur gelehrt, gut zu sein. Er hat ihnen auch die Kraft dazu gegeben. Die Menschen brauchen ein neues Herz, nicht nur eine Herzkönigin.

Einmal hat Jesus gesagt: «Ich bin das Licht für die Welt» (Johannes 8,12). Nicht seine Lehre war das Licht, sondern er selbst. So wie es nur eine Sonne gibt, die die Welt von außen her erleuchten kann, so ist er das einzige Licht, um sie innerlich zu erleuchten. Ohne ihn lebt jeder Mensch in geistlicher Finsternis. So wie man den Staub in einem Zimmer nicht sieht, solange man kein Licht hereinläßt, so kann kein Mensch sich selbst richtig erkennen, solange dieses Licht ihm nicht seine wahre Situation zeigt.

Ich glaube an die Auferstehung und das ewige Leben, und ich glaube auch an Jesu Kreuzigung und Tod. Während die Jünger sich voll Angst und Enttäuschung einschlossen, nahmen ein paar Frauen Kräuter und Salben, um den Leichnam von Jesus einzubalsamieren. Und weil sie bereit waren, dem Tod Jesu ins Auge zu sehen, waren sie auch die ersten, die an der Auferstehung Anteil nehmen durften. Wenn wir den Tod Jesu als Wirklichkeit für uns annehmen, entdecken wir den Schlüssel zum ewigen Leben.

Diana war eine Ikone im Kult um die Berühmtheiten. «Ich kann kaum glauben, wie stark der Schock war», sagte der Hofbeamte Brian Hoey. «Diana wird die Evita Englands werden. Sie wird immer die 36jährige Traumprinzessin bleiben, mit der die Menschen sich auf ewig identifizieren.» Die extreme Trauer, die wir bei Dianas Tod empfanden, erreichte eine gefährliche Stufe, als sie sich zur «Göttinnen-Verehrung» zu steigern begann. Diana war keine Göttin. Elton John sang so bewegend von der

«Kerze im Wind»; Jesus dagegen ist das «Licht für die Welt» – die Lichtquelle, die nie verlöschen wird.

Jesus schenkt Frieden und ewiges Leben. Wenn er der ist, der zu sein er behauptete – der Erlöser –, dann haben wir einen Führer, dem zu folgen es sich lohnt. Als er den Tod überwand, da vernichtete er die Macht von Sünde, Trauer und Verzweiflung. Er ist ein Führer, dem wir Opfer bringen können, ohne dabei etwas zu verlieren; ein Führer, der uns die Freiheit schenkt.

Wir alle brauchen Licht in unserer Dunkelheit. Egal wie sehr wir einen Menschen bewundern, der gestorben ist, egal wie sehr der andere unsere Not geteilt hat, egal wie hell sein Mitgefühl geleuchtet hat – das Licht der Erinnerung und seines Einflusses reicht nicht aus. Sicher, das Beispiel eines anderen Menschen kann uns auch nach seinem Tode noch Mut machen. Die Wirkung seines Lebens strahlt auf unser Leben zurück. Aber wir brauchen mehr als eine flackernde Erinnerung. Wir brauchen das helle Licht des Lebens. Prinzessin Diana kann dieses Licht nicht sein. Sie war dazu nicht bestimmt. Wir brauchen viel mehr als eine Kerze im Wind. Wir brauchen ein Licht, das uns Hoffnung geben, das die Dunkelheit des Todes erhellen kann. Nur der Fürst des Lebens selbst kann uns dieses Licht schenken – einer, der nicht von Menschen, sondern von Gott selbst gekrönt wurde. Was wir brauchen, ist ein König der Liebe – Jesus Christus.

Den Tatsachen ins Auge sehen

«Sterben ist genauso natürlich wie geboren werden», schrieb im siebzehnten Jahrhundert der Philosoph Francis Bacon in einem seiner Essays. Aus den Worten strahlt die Ruhe des Theoretikers. Dabei macht dem Menschen nichts so sehr Angst wie der Tod. Trotz aller Versuche, ihn zu ignorieren, ist er ständig da. Er lauert im Schatten und verlangt nichts weiter von uns, als daß wir ihn als Teil des Lebens anerkennen und irgendwann auch seinen Anspruch an uns akzeptieren. Wenn wir jung und «in der Blüte unserer Jahre» sind, kommt der eigene Tod uns unwirklich vor. Wenn wir älter werden, schieben wir ihn zur Seite wie einen Menschen, der uns unangenehm ist. Doch mit der Zeit erscheint es uns, als würde er uns aus jedem Fenster anstarren. Der tragische Autounfall, bei dem Prinzessin Diana ums Leben kam, hat uns neu vor Augen geführt, daß das Leben so empfindlich ist wie eine Kerzenflamme im Wind. Schon der kleinste Hauch kann sie ausblasen.

Und auch «Royals» bleiben von Tragödien nicht verschont. Viele werden sich noch an eine andere Prinzessin erinnern – Grazia von Monaco, eine charismatische, lebensprühende, gesellige Frau. Mit sechsundzwanzig war sie in Hollywood bereits ein Megastar. Bei den Dreharbeiten zu dem Film *Der Dieb an der Riviera* lernte sie Prinz Rainier von Monaco kennen und heiratete ihn 1956. Sie führte ein Leben wie im Märchenbuch. Doch dann starb sie einen tragischen, melodramatischen Tod. Am Steuer ihres Wagens erlitt sie einen Schlaganfall und stürzte vierzig Meter in die

Tiefe, während Stefanie, ihre siebzehnjährige Tochter, verzweifelt versuchte, die Handbremse anzuziehen. Prinzessin Grazia erlangte das Bewußtsein nicht mehr. Nach kurzer ärztlicher Behandlung wurden die Apparate abgestellt, die ihr Leben künstlich verlängert hätten. Am 14. September 1982 verschied Ihre Durchlaucht, die Fürstin.

Vor langer Zeit sagte Augustinus: «Alles im Leben, ob gut oder böse, ist unsicher, außer dem Tod. Nur der Tod ist gewiß.» Natürlich ist diese einfache Wahrheit der Menschheit von Anbeginn der Zeiten bekannt. Was sie bedeutet, ist uns aber nicht immer bewußt. Der Mensch, der den folgenden Spruch auf seinen Grabstein schreiben ließ, war wohl sehr ehrlich: «Ich habe damit gerechnet, aber noch nicht jetzt.»

Mozart war gerade dabei, ein Requiem zu vollenden, als ihn die tödliche Krankheit befiel. Er sagte zu seinem Arzt: «Ich habe es die ganze Zeit gespürt. Mein letztes Werk wird erstmals zu meinem eigenen Begräbnis aufgeführt werden. Die ganze Zeit habe ich an meiner eigenen Totenmesse geschrieben.»

Der griechische Philosoph Plato bezeichnete das Leben als «Lehrzeit für den Tod». Er empfahl, über den Tod zu meditieren, um den Sinn des Lebens zu entdecken. Es mag krankhaft erscheinen, ständig an den Tod zu denken. Sich hin und wieder darüber Gedanken zu machen, hat aber durchaus seinen Sinn. Sokrates glaubte, «das Wesen der Philosophie sei die Vorbereitung auf den Tod». Richard Wagner ließ in seinem Garten sogar sein eigenes Grab anlegen, und er genoß es, mit seinen Gästen über das Thema zu reden. Oft führte er sie sogar während der Mahlzeit in den Garten, um ihnen sein Grab zu zeigen!

Der Tod ist ein Ereignis, dem kein Mensch entgehen kann. Aber wir sind eigenartig bestrebt, ihn selbst bei Beerdigungen nach Möglichkeit nicht zu erwähnen.

Statt dessen begegnen wir ihm auf Leinwand und Bildschirm. In den vergangenen Monaten konnten die Kinobesucher sehen, wie eine Stadt am Pazifik in Vulkanasche erstickte, wie ein verschlafenes Nest vom Hochwasser überflutet wurde, wie Waldbrände den größten Teil von Wyoming ausradierten und wie ein Eisberg die *Titanic* zum Sinken brachte. Doch das alles spielt sich in einer Welt ab, die mit uns nichts zu tun hat.

Besonders die *Titanic* übt seit ihrem Untergang 1912 eine eigenartige Faszination aus. Allein in den beiden vergangenen Jahren erschienen zehn Bücher (darunter ein Kochbuch mit dem Titel *Das letzte Dinner auf der Titanic*), ein Fernsehfilm, ein Musical und ein Computerspiel, das den Untergang zelebriert; es gab eine Ausstellung der geborgenen Gegenstände, begleitete Tiefseetouren zum Wrack und den jüngsten Kinohit *Titanic*. Mit 250 Millionen Dollar ist er einer der teuersten Filme aller Zeiten und hat mehr gekostet als das Originalschiff selbst.

Warum finden wir die Darstellung des Unglücks so faszinierend? Zum Teil wohl deshalb, weil sie unsere Gefühle anspricht. Alle großen Themen des Lebens werden in ein paar Stunden abgehandelt. Katastrophen können auf eine beunruhigende Art tröstlich sein. Sie führen uns vor Augen, wie kostbar das Leben ist – und wir sind noch einmal davongekommen.

Die Kommerzialisierung hat zur Folge, daß wir zum Schrecken des tatsächlichen Geschehens eine immer größere Distanz gewinnen. Bei einer wirklichen Katastrophe sterben ja Menschen! In der Nacht des 14. April 1912 streifte die *Titanic* einen Eisberg. Der Rumpf wurde aufgeschlitzt, und das Wasser begann ins Schiff zu strömen. Um 2.20 Uhr Schiffszeit schlossen sich die Wellen über der *Titanic*, und das über 250 Meter lange Schiff sank in rund 4300 Meter Tiefe auf den Meeresgrund. Von den 2 200 Menschen, die sich an Bord befunden hatten, kamen 1 500 ums Leben. Das größte, schnellste und prächtigste Schiff der Welt versank. Das alles ist wirklich geschehen.

Immer wieder in der Geschichte hat es Zeiten gegeben, in denen das Interesse am Leben nach dem Tod zunahm, besonders dann, wenn die Grundpfeiler des Lebens zu wanken schienen. Im späten Mittelalter, etwa im vierzehnten Jahrhundert, nahmen die Fragen nach dem Tod und dem, was danach kommt, enorm zu. Ähnlich wie heute war es eine Zeit, die von Seuchen heimgesucht wurde und in der Millionen in der Blüte der Jahre starben. Heute löschen HIV-Infektionen und Aids in manchen Gegenden der Welt ganze Dörfer aus – die Menschen müssen nicht nur mit einem, sondern mit vielen Verlusten klarkommen.

Am heutigen Tag sterben weltweit rund 200 000 Menschen. Manche sterben durch einen Unfall, andere kommen gewaltsam ums Leben. Manche sterben an einer Übermenge Alkohol, andere verhungern. Manche sterben noch im Mutterleib, andere in hohem Alter. Manche sterben in Frieden, andere kämpfen bis zum Schluß. Doch der Tod ist letztlich ein großer Gleichmacher.

Ein Arzt beschwerte sich: «Unsere Patienten erwarten von uns, daß wir ihnen Unsterblichkeit garantieren.» Die *Cryonische Gesellschaft* verspricht Menschen mit einem großen Glauben und der entsprechenden Menge Geld die Möglichkeit, aus dem Tod zurückzukehren. Ihr Hauptsitz befindet sich in Kalifornien, es gibt aber auch in England eine Niederlassung. Die Menschen zahlen dieser Gesellschaft eine große Summe Geld, um nach dem Tod eingefroren und bei minus 100 Grad aufbewahrt zu werden, in der Hoffnung, daß die Wissenschaft eine Methode findet, sie irgendwann in der Zukunft wieder quicklebendig aufzutauen.

Das ist ein extremes Beispiel, aber dies sind nicht die einzigen Menschen, die den Tod leugnen. Wir maskieren alles, was irgendwie mit dem Tod zu tun hat. Das ist ein besonderes Kennzeichen einer Industriegesellschaft, der es vor allem um die materiellen Güter geht – wir haben das Gefühl, wir hätten eine Menge zu verlieren.

Vielleicht klammern sich viele auch deshalb so verzweifelt ans Leben, weil sie fürchten, daß danach nichts mehr kommt. Die Betonung der Jugend dokumentiert dieselbe tiefsitzende Angst vor der Zukunft und vor der Begegnung mit dem letzten Feind, dem Tod.

Trotz der modernen Fortschritte in Wissenschaft und Medizin stehen wir dem Tod hilflos gegenüber. Sicher, wir können ihn aufschieben, ihn ein wenig hinauszögern. Doch selbst die beste medizinische Behandlung kann ihn nicht ewig von uns fernhalten.

Hunderte von Menschen besuchen jeden Sommer die Krypta der Kirche von St. Leonard in Hythe in der englischen Grafschaft Kent, um die fünfhundert Schädel zu betrachten, die dort sorgsam in Regalen aufgereiht lagern, und die achttausend Gebeine, die daneben liegen. Es ist schwer, sich vorzustellen, daß diese Knochen von Menschen stammen, die einmal lebten, liebten, lachten und weinten wie wir. Die sterblichen Überreste konfrontieren den gesunden Touristen mit der stummen Botschaft: «Auch du wirst einmal sein wie wir.»

Der Tod rückt das eigene Leben in die richtige Perspektive. Plötzlich erkennen wir, wie schnell die Zeit vergeht und wie sehr wir sie oft vergeuden.

Der Gedanke an den Tod löst all die wichtigen Fragen aus: Welchen Sinn hat das Leben? Hat es überhaupt einen? Hat mein Leben ein Ziel? Hatte Shakespeares Macbeth recht, wenn er das menschliche Leben als «ein Märchen, erzählt von einem Dummkopf, voller Klang und Wut, das nichts bedeutet» bezeichnet? Gibt es mehr, oder ist der Tod das Ende?

In den vergangenen Jahren sind zu diesem Thema mehr Bücher geschrieben worden als im gesamten letzten Jahrhundert. In Zeitschriften finden sich lange Diskussionen von klugen Menschen über den Tod und daneben Berichte über Gerichtsverhandlungen, in denen das Recht des leidenden Menschen auf ein menschenwürdiges Sterben behandelt wird. Durch den Tod von Prinzessin Diana ist der Tod für kurze Zeit sogar zu einem «heißen Thema» geworden.

Wir alle wissen, daß wir sterben müssen, aber in unserer Verblendung sehen wir den Tod in weiter Ferne. Der Tod der Prinzessin – oder der Tod eines anderen lieben Menschen – zwingt uns dazu, uns mit dem Sterben auseinanderzusetzen. Diana hatte gerade ein neues Kapitel ihres Lebens aufgeschlagen. Sie wußte nicht, daß es das letzte sein würde.

Ein Psalmdichter in der Bibel schreibt: «Bedenke doch, wie kurz mein Leben ist! … Welcher Mensch ist unsterblich? Wer kann dem Tod entrinnen?» (Psalm 89,48–49).

Als König Philip II. von Spanien im Sterben lag, rief er seinen Sohn. Er schlug sein königliches Gewand auseinander und zeigte dem jungen Prinzen die schrecklichen Geschwüre, die seinen Körper bedeckten. «Sieh», sagte er, «wie selbst ein König stirbt, wie die Großen dieser Welt enden.»

Der Tod kommt uns mit Riesenschritten entgegen, und wir bewegen uns in jedem Augenblick auf ihn zu. Jeder Atemzug bringt uns dem Ende unseres Lebens ein Stück näher. Ich habe mich oft gefragt, wie Leute, die sich über die Kürze ihres Lebens keine Gedanken machen und dadurch auch nicht auf den Tod vorbereitet sind, sich wohl verhalten werden, wenn es soweit ist. Das Leben ist kurz, und der Tod offenbart, welchen Wert die Dinge, die wir für gut gehalten hatten, wirklich haben. Welchen Nutzen haben sie, wenn dem Menschen nichts weiter bleibt als die Finsternis des Grabes?

Viele versuchen den Fragen, die der Tod uns stellt, aus dem Weg zu gehen, weil sie Angst davor haben. Dabei ist der Tod mit Sicherheit das wichtigste Ereignis, mit dem wir uns auseinandersetzen müssen, wenn wir den Sinn des Lebens verstehen wollen. Wir können dem Leben keinen Sinn geben, solange wir nicht den Sinn des Todes erkannt haben. Was wirklich einen Wert hat, zeigt sich im Angesicht des Todes. Unsere Haltung zum Tod ist entscheidend für unsere Haltung zum Leben, und zu beiden gehört der Glaube.

Auf den Sonnenuhren alter Klöster kann man oft die Worte lesen *Memento mori* («Gedenke des Todes»). Manchmal findet man auch eine Uhr, auf der es heißt *Memento vivere* («Bedenke, daß du leben mußt»). Und im Grunde besteht zwischen beidem kein Unterschied.

Die Regel des heiligen Benedikt fordert die Mönche auf, in jedem Augenblick des täglichen Lebens an den Tod zu denken, um bewußter zu leben. So kann der Tod zum Leben helfen. Das ist allerdings nur möglich, wenn wir den Tod nicht isoliert sehen, sondern in Zusammenhang mit anderen Bereichen unseres Lebens – wenn wir zeigen, wie er in das Gesamtbild paßt.

Die Gewißheit, daß wir sterben müssen, kann unserem Leben neuen Schwung, kann ihm neue Kraft und Ernsthaftigkeit geben. Sie kann uns aufwecken. Wie Dr. Johnson bemerkte: «Wenn ein Mensch weiß, daß er in zwei Wochen sterben muß, kann er sich wunderbar konzentrieren.» Die meisten Menschen, die mit dem Tod bereits auf irgendeine Weise in Berührung gekommen sind, sind sich dieser «feinen Linie» bewußt. Sie haben auch aus erster Hand erfahren, daß nichts den Menschen das Leben so sehr schätzen lehrt wie eine Begegnung mit dem Tod.

Wir sind nicht dankbar genug für das Leben, und wir bereiten uns nicht genug auf den Tod vor. Gott hat uns das Leben geschenkt, aber der Tod ist nur einen Atemzug davon entfernt.

Der Sozialkritiker Ivan Illich hat einmal gesagt, weil unsere Häuser dem Tod keine Gastfreundschaft mehr gewährten, seien sie auch für das Leben so unwirtlich. Was einst im Haus geschah – das Zubereiten der Nahrung, die Herstellung von Kleidung, Erziehung, Geburten und der Umgang mit dem Tod –, wird jetzt von anonymen Fachleuten für uns erledigt.

In einfacheren Kulturen, zu denen auch unsere eigene vor noch nicht allzu langer Zeit gehörte, als es noch Traditionen und Gemeinschaft gab, kümmerten sich die Menschen um ihre Toten. Sie hatten weder das Geld noch den Wunsch, einen anderen damit zu betrauen. Das Sterben und die nachfolgende Totenklage fanden zu Hause statt und waren dadurch für alle erfahrbar.

Wir sagen: Jemand stirbt. Prinzessin Diana, Mutter Teresa, Sir George Solti, Dr. Viktor Frankl sind gestorben. Die entscheidende Frage lautet: Was ist die Bedeutung ihres Todes? Was ist aus ihnen geworden? In den meisten Kulturen wird behauptet, mit dem Tod sei alles aus. Die einzige Art eines «Weiterlebens», die die meisten Gesellschaften einem Toten zugestehen, besteht in dem, was er vor seinem Sterben geleistet hat, und in der Erinnerung derer, die ihn kannten. Was macht der Tod aus einem Menschen? Vor dem Tod wurde er vielleicht geliebt, bewundert, seine Nähe wurde gesucht. Beim Tod ist er nur noch ein Leichnam, dessen man sich so schnell wie möglich entledigen muß.

Es mag ein Trost sein, mit Tennessee Williams zu hoffen: «Der Tod ist nur ein Augenblick, das Leben besteht aus so vielen». Aber eine solche Vorstellung ist, schon rein äußerlich betrachtet, falsch. Für viele ist der Tod der Schlußpunkt einer schrecklich langen Krankheit, deren Ausgang schon seit Jahren bekannt war. Wir sprechen vom «Sterben auf Raten». Den langsamen Zerfall des Körpers – zum Beispiel als Folge einer Nervenkrankheit wie der Multiplen Sklerose oder der Parkinsonschen Krankheit – empfindet niemand als «kurzen Augenblick», weder die Betroffenen selbst noch die, die sie pflegen.

Was ist der Tod? Das Lexikon beschreibt ihn als das «endgültige Erlöschen der Gesamtheit der Körperfunktionen». Einfach ausgedrückt bedeutet Tod, daß das Herz des Menschen aufhört zu schlagen und das Gehirn nicht mehr funktioniert. Der Arzt stellt nach einer Untersuchung fest: «Er ist tot.» Damit meint er, die körperlichen Funktionen, die wir mit dem menschlichen Leben in Zusammenhang bringen, sind nicht mehr erkennbar. Aber hört der Mensch auf zu existieren, weil sein Herz nicht mehr schlägt und die Gehirnströme aufgehört haben?

Warum erschüttert der Tod die Trauernden so sehr? Warum meinen wir, es müßte doch mehr geben? Ob es sich beim Verstorbenen um eine 36jährige Prinzessin oder eine 87jährige Nonne handelt, immer löst der Tod Trauer und Bestürzung aus. Die Frage «Warum?» stellt sich wie von selbst. Der Tod scheint ein Fehler, ein Irrtum zu sein. Er ist nicht gerecht. Es ist, als sei im Evolutionsprozeß etwas schiefgelaufen. Pflanzen und Tiere sterben, das erscheint uns ganz natürlich. Aber nicht der Mensch. Menschen sollten nicht sterben. Shakespeares König Lear bringt eine allgemein menschliche Reaktion zum Ausdruck, wenn er beim Anblick seiner toten Tochter ausruft: «Nein! Kein Leben! Ein Hund, ein Pferd, 'ne Maus soll Leben haben und du nicht einen Hauch?» (*König Lear*, Akt 5, 3. Aufzug).

Der Augenblick des Todes ist nicht unbedingt der geeignete Moment, um sich mit der Frage zu beschäftigen, ob danach noch etwas kommt oder nicht; nicht die beste Zeit, sich zu fragen, ob das Leben wirklich zu Ende ist, nur weil das Herz aufgehört hat zu schlagen. «Spare in der Zeit, so hast du in der Not» ist ein weises Sprichwort, das wir nicht nur in finanziellen Belangen beherzigen sollten. Kranke Menschen verschieben die Einnahme der Medikamente, die ihnen jetzt helfen können, nicht auf später. Ein Mensch, der zum Tode verurteilt werden soll, wird die Vorbereitung auf das Gerichtsverfahren nicht erst am Verhandlungstag selbst beginnen. Die Frage nach Leben und Tod ist wichtig und muß jetzt behandelt werden.

Wie Paulus in der Bibel schreibt: «Wir haben nicht mehr viel Zeit ... Denn diese Welt mit allem, was wir haben, wird bald vergehen» (1. Korinther 7,29.31).

Sterben, um zu leben

Der Tod ist todsicher, das einzige Ereignis, das garantiert jedem Menschen zustoßen wird. Aber ist der Tod wirklich das Ende? Können wir erwarten, daß danach noch etwas kommt, oder wäre das nur Wunschdenken, nur eine Beruhigungspille? Die Frage ist von entscheidender Bedeutung, denn was wir über ein Leben nach dem Tod glauben, hat massiven Einfluß darauf, wie wir vor dem Tod leben. Die feste Überzeugung, daß mit dem Tod nicht alles aus ist, hilft uns nicht nur, gut zu sterben, sondern auch, gut zu leben. Aber können wir etwas Genaues wissen, oder müssen wir uns auf bloße Vermutungen stützen?

Es gibt in dieser Frage so viele Meinungen, wie es Religionen gibt. Das Leben nach dem Tod und die Art dieses Lebens spielt in vielen Religionen eine zentrale Rolle. Der Tod von Diana hat hier viele Gemeinsamkeiten ans Licht gebracht. Er hat gezeigt, wie sehr uns alle danach verlangt, über dieses Leben nach dem Tod zu reden. Gleichzeitig hat er aber auch die unterschiedlichen Vorstellungen über dieses jenseitige Leben deutlich gemacht.

Gewiß, es gibt Leute, die glauben, das Leben auf dieser Erde sei alles, was wir haben. Ein alter Spruch beschreibt diese Haltung ganz plastisch: «Wenn wir sterben, sterben wir – der Wind verweht unsere Fußspuren, und das ist das Ende.» Der Sommer 1997 hat uns allerdings gezeigt, daß nur wenige Menschen sich damit wirklich zufriedengeben können. In Fernseh- und Radiointerviews bezeichneten viele Prinzessin Diana als einen Engel, der in den Himmel geholt worden sei. Andere meinten, ihr Geist sei nun an einem Ort des Friedens zur Ruhe gekommen. Die am häufigsten geäußerte Meinung war wohl, daß sie und ihr Freund Dodi nun vereint seien und das Glück genießen könnten, das ihnen auf dieser Erde nur für so kurze Zeit vergönnt war. Wie aber sieht die Wirklichkeit aus? Wir alle wissen, daß eine Sache nicht schon deshalb wahr sein muß, weil wir uns das wünschen oder leidenschaftlich daran glauben wollen. Wir können uns alle möglichen Dinge einreden.

Was geschieht, wenn wir sterben? Wir müssen keine Philosophen oder Theologen sein, um uns mit dieser Frage zu befassen. Die meisten Menschen haben eine eher vage, positive Vorstellung, aber kein präzises Bild davon, wie es nach dem Tod einmal sein wird. Wir nehmen uns auch nicht viel Zeit, um darüber nachzudenken. Wir sind keine Grübler. Unser Leben auf der Erde verändert sich ständig. Deshalb fällt es uns schwer, aus unserem irdischen Blickwinkel heraus etwas so Gewaltiges wie die Ewigkeit zu erfassen.

Ich denke, Gott gebraucht oft Menschen und Ereignisse, um uns mit den wesentlichen Fragen des Lebens zu konfrontieren. Der Tod von Prinzessin Diana hat uns dazu gebracht, einmal innezuhalten und nachzudenken – die Frage nach Leben und Tod zu stellen, nach ihrem Sinn und Ziel. Die vielen verschiedenen Vorstellungen über die Form von Dianas Weiterleben nach dem Tod zeigen, wie wichtig es ist, daß wir uns intensiv mit der Frage nach einem Leben nach dem Leben auseinandersetzen und, wenn möglich, Klarheit darüber gewinnen, wie dieses Leben aussehen wird.

Das Leben und Wirken von Mutter Teresa weist uns meiner Überzeugung nach auf den einen und einzigen hin, der uns in diesen Fragen Antwort und Gewißheit schenken kann. Sie sprach ständig von der alles überragenden Bedeutung von Jesus Christus, vom Ursprung der Liebe und vom Wert eines jeden Menschen, des geborenen wie des ungeborenen. Mutter Teresa folgte Jesus in aller Schlichtheit und voller Überzeugung. Sie sagte: «Ich kann es kaum ertragen, wenn die Menschen sagen, ich diene der Menschheit. Mein Leben ist Jesus Christus geweiht. Für ihn atme und lebe ich. Wenn ich aus reiner Mitmenschlichkeit arbeiten würde, hätte ich schon lange aufgegeben.»

Für Mutter Teresa war Jesus der Schlüssel zu allem anderen. Aufgrund dessen, wer er ist und was er getan hat, ist er der einzige, der uns wirklich sagen kann, was nach dem Tod kommt. Er ist schließlich der einzige, der starb und ins Leben zurückkehrte und uns davon berichten kann.

Die Bibel rät uns, bereits in unserer Jugend an den Schöpfer zu denken, ehe die schwierigen Zeiten kommen. Wenn das Leben zu Ende geht, wundern wir uns, wie schnell es vergangen ist. Dann sollten wir zu Gott aufsehen, der es uns so wunderbar geschenkt hat und es so geheimnisvoll zurückfordert. Heute, mitten in diesem Leben, sollten wir diesen Gott ehren und nicht zögern, uns für das zu entscheiden, was ewigen Wert hat.

Ewiges Leben, sagt Jesus, heißt «dich, den einen wahren Gott, zu erkennen und an Jesus Christus zu glauben, den du gesandt hast» (Johannes 17,3). Nichts ist wichtiger für dieses wie das künftige Leben als die Beziehung zu dem Gott, der uns erschaffen hat.

Im christlichen Glauben geht es vor allem um ein Thema: Unsere Beziehung zu Gott ist zerstört, weil wir uns von ihm abgewandt haben und unsere eigenen Wege gehen. In Jesus aber ist Gott selbst zu uns gekommen, um uns zurückzuholen. Jesus öffnet uns den Weg zu Gott, der uns bis dahin versperrt war. Wenn wir nun dem Tod gegenüberstehen, müssen wir nicht auf unsere eigenen Verdienste verweisen, sondern können uns auf Jesus berufen.

Das heißt, daß wir den Tod nicht länger zu fürchten brauchen. Aus uns selbst heraus hat keiner es verdient, in den Himmel zu gelangen. Wir alle leben so, als wäre Gott unser Feind. Nun aber können wir ihm direkt und hoffnungsvoll ins Auge blicken. Ja mehr noch, wir können absolute Gewißheit haben. In Jesus bietet Gott jedem Menschen das ewige Leben an.

Ben Travers bringt in seiner Autobiographie etwas von der Freude zum Ausdruck, die in einem Leben nach dem Tod auf uns wartet. Er schreibt, er erwarte nicht, daß auf seinem Grab ein Grabstein aufgestellt werde. Wenn er aber einen bekomme, dann sollten darauf die Worte stehen: «Jetzt geht die Freude erst richtig los.» Das Leben geht auch nach dem Tod weiter.

Warum lebte Diana nur 36 Jahre? Gott weiß viel besser, als wir es je erfahren werden, warum sie so früh gehen mußte. Wir haben die Gewißheit, daß er niemanden ohne Grund und Absicht in diese Welt stellt. Aber Gott schuf Diana nicht nur für 36 Jahre. Er schuf sie für die Ewigkeit. Er hat jeden von uns für die Ewigkeit erschaffen. Dort finden wir unsere wahre Berufung, die uns hier auf der Erde immer wieder zu entgleiten scheint. Im Buch Prediger nimmt die Bibel dazu ganz nüchtern Stellung. Dort heißt es:

> «Alles ist vergänglich und vergeblich, nichts hat Bestand, ja, alles ist völlig sinnlos! Der Mensch plagt sich ab sein Leben lang, doch was bringt es ihm ein? Hat er irgendeinen Gewinn davon? Generationen kommen und gehen … Niemand denkt mehr an das, was früher geschehen ist, und auch an die Taten unserer Nachkommen werden sich deren Kinder einmal nicht mehr erinnern … Ich schuf große Dinge: Ich baute mir Häuser und pflanzte Weinberge. Ich legte Ziergärten und riesige Parks für mich an und bepflanzte sie mit Fruchtbäumen aller Art.

Ich baute große Teiche, um den Wald mit seinen jungen Bäumen zu bewässern ... Meine Schatzkammern füllte ich mit Silber und Gold, mit Schätzen aus anderen Königreichen ... Alles war letztendlich sinnlos ... als ich das erkannte, begann ich zu verzweifeln, weil ich mich mein Leben lang so geplagt hatte ... In das Herz des Menschen hat [Gott] den Wunsch gelegt, nach dem zu fragen, was ewig ist. Aber der Mensch kann Gottes Werke nie voll und ganz begreifen» (Prediger 1,2–4.11; 2,4–6.8.15.20; 3,11).

Unser Wunsch nach Unsterblichkeit und bleibender Bedeutung ist ein Ausdruck davon, daß Gott die Ewigkeit in unsere menschlichen Herzen gelegt hat. Darum kann dieses Verlangen durch nichts in dieser Welt gänzlich befriedigt werden. C. S. Lewis schrieb: «Wenn in uns ein Verlangen lebt, das durch nichts auf dieser Welt gestillt werden kann, so geht doch wohl daraus hervor, daß der Mensch für eine jenseitige Welt erschaffen ist.»

Wir sind von Gott erschaffen, nicht um zu sterben, sondern um zu leben. Der körperliche Tod als Endpunkt dieses irdischen Lebens ist eine Realität, aber er entspricht nicht Gottes ursprünglicher Absicht. Wir haben nun die Wahl. Wir können uns ablenken, um uns nicht mit der Tragik der eigenen Situation auseinandersetzen zu müssen – und darum dreht sich letztlich unsere gesamte Kultur. Oder wir können uns der Wirklichkeit stellen. Wir sollten uns dabei aber bewußtmachen, daß Gott in diesem Drama um Leben und Tod kein passiver Zuschauer ist. Er hat sich in Jesus Christus ganz aktiv eingebracht. Jesus sagte seinen Jüngern: «Habt keine Angst vor denen, die nur den Körper, aber nicht eure Seele töten können! Fürchtet euch vor Gott, der Leib und Seele in der Hölle verderben kann» (Matthäus 10,28). Er fragte sie auch: «Was gewinnt ein Mensch, selbst wenn ihm die ganze Welt zufällt und er dabei das ewige Leben verliert?» (Matthäus 16,16).

Als Jesus Christus starb, war er 33 Jahre alt. Aber er war bereit. Er hatte regelmäßig von seinem Tod gesprochen. Er hatte gesagt: «Ich werde sterben, damit ihr euch besser darauf vorbereiten könnt. Ihr versteht noch nicht genau, wovon ich rede, aber wenn ich tot bin, werdet ihr es begreifen. Wenn ich von den Toten auferstehe, schicke ich euch meinen Geist, mein wahres Ich, der immer bei euch sein wird. Dieser Geist wird euch erklären, worum es mir ging.»

Jesu Leben hat durch seinen Tod seine wahre Erfüllung gefunden. Was der Tod Jesus antat, ist nichts im Vergleich zu dem, was Jesus dem Tod antat. Er hat nun die Schlüssel zu Tod und Leben in der Hand. Deshalb ist auch für uns, wenn wir eine Beziehung zu Jesus haben, der Tod nicht das Ende unserer Existenz, sondern er führt uns nur zu noch größerer Erfüllung.

Natürlich läßt sich nicht leugnen, daß der Tod hart ist und alle möglichen Fragen über den Sinn des Lebens aufwirft. Aber wir brauchen uns vor diesen Fragen nicht zu fürchten, denn wir dürfen wissen, daß Jesus uns auf diesem Weg bereits vorausgegangen ist und an seinem Ende auf uns wartet. Dann wird es keine Tränen mehr geben. Wir werden ihn so sehen, wie er wirklich ist, und wir werden sein wie er.

Jesus zeigt uns, wie das Leben nach dem Tod sein wird. Das Leben, das Gott uns schenkt, ist körperlich. Woher wissen wir das? Weil Jesus, nachdem er aus dem Tod zu neuem Leben erweckt war, einen menschlichen Körper hatte – er aß, er sprach, er lief herum. Wenn wir sterben, werden wir nicht zu einem Tropfen im Ozean – wir sind als wir selbst zu erkennen. Jesus wurde wiedererkannt – er war derselbe Mensch wie vorher, auch wenn er durch den Tod verwandelt war.

Wir verlieren nicht unsere Persönlichkeit oder Identität, wenn wir in den Himmel kommen. Wir werden dort vielmehr zu dem Menschen, der wir eigentlich sein sollten. Eines der Bilder, das Jesus häufig gebrauchte, um den Himmel zu beschreiben, ist das von einem großen Fest. Der Himmel, so sagte Jesus, ist ein Ort, wo gefeiert wird, wo man sich freut und tanzt und fröhlich ist.

Im Himmel geht es nicht um Harfespielen oder Wolkenschieben, sondern um Freude und wahres Leben. Martin Luther hat einmal sinngemäß gesagt: «Wenn wir im Himmel nicht lachen dürfen, möchte ich nicht dorthin.» Gott, der die Welt erschuf, der mit einer einzigen Handbewegung den Sonnenaufgang an den Himmel malt, wird uns ohne Schwierigkeiten in alle Ewigkeit sinnvoll beschäftigen!

Weil wir das ganz sicher wissen können, braucht der Christ sich nicht vor dem Tod zu fürchten. Das Leben mit Jesus bedeutet Hoffnung ohne Ende; ein Leben ohne ihn bedeutet ein Ende ohne Hoffnung. Der Himmel ist für den Christen nicht die Endstation; er ist seine Heimat. Das hat auch der Apostel Paulus entdeckt. Er schrieb: «Christus bedeutet für mich alles; er ist mein Leben. Deshalb kann das Sterben für mich nur Gewinn sein» (Philipper 1,21).

Der Glaube an Gottes Geschenk der Auferstehung und ein ewiges Leben bewahrt uns jedoch nicht vor dem Schmerz, den wir beim Abschied von einem lieben Menschen empfinden, und dem Schrecken angesichts eines tödlichen Unfalls.

Ich selbst nähere mich allmählich den vierzig, und ich versuche, nicht mehr so sehr zu fragen: «Was kann ich in den Jahren, die mir bleiben, noch alles tun? Was kann ich noch erreichen?» Der Schwerpunkt verlagert sich hin zu der Frage: «Wie sollte ich in den noch vor mir liegenden Jahren leben, damit mein Tod nicht sinnlos ist? Wie kann ich im Licht der Ewigkeit leben?»

Die Nachrufe in der Zeitung sind zu meiner Lieblingslektüre geworden. Ich freue mich an den kleinen Geschichten, die manchmal zwischen den Zeilen durchschimmern. Das hat mich dazu geführt, daß ich mir inzwischen auch schon über meinen eigenen Nachruf Gedanken gemacht habe. Wie viele Worte ist ein Leben wert? Mark Twain hat auf die Nachricht von seinem angeblichen Tod mit dem ihm eigenen Humor reagiert: «Die Berichte über meinen Tod sind maßlos übertrieben.»

Auch der Stifter des Nobelpreises, Alfred Nobel, kam in den zweifelhaften Genuß, seinen eigenen Nachruf zu lesen. Als 1888 sein Bruder Ludwig starb, verwechselte ein Journalist die beiden Brüder und schrieb statt dessen einen Nachruf auf Alfred. So kam es, daß Alfred Bernard Nobel eine Aufzählung all seiner Leistungen vor sich hielt. Vom materiellen Standpunkt aus betrachtet war sein Leben ein Erfolg gewesen. Er war sehr reich. Er war ein wissenschaftliches Genie. Er hatte das Nitroglyzerin und den Sprengstoff Dynamit entdeckt; im Jahr 1880 ließ er ein Schießpulver patentieren, das so gut wie keinen Rauch entwickelte und das von den europäischen Armeen sofort in großen Mengen geordert wurde. In dem Nachruf wurde er als «Kaufmann des Todes» bezeichnet. Alfred Nobel war schockiert. War das alles, was sein Leben ausgemacht hatte? Der Menschheit zu helfen, sich noch wirkungsvoller selbst zu vernichten?

Das Ereignis hatte zur Folge, daß Nobel begann, sich für den Frieden einzusetzen. Er änderte sein Testament. Er wies die Nachlaßverwalter an, seinen gesamten verbleibenden Besitz zu Bargeld zu machen (es waren rund neun Millionen Dollar) und in sicheren Wertpapieren anzulegen. Aus den Zinsen sollten jährlich fünf Preise an Personen vergeben werden, die im vergangenen Jahr einen entscheidenden Beitrag zum Nutzen der Menschheit geleistet hatten. Die fünf Kategorien, in denen die Preise vergeben werden sollten, waren Physik, Chemie, Medizin, Literatur und Frieden. (1968 kam noch ein Preis für Wirtschaft dazu.) Alfred Nobel starb am 10. Dezember 1896. Es dauerte über drei Jahre, bis die juristischen Turbulenzen, die sein Testament ausgelöst hatte, sich wieder gelegt hatten. 1900 war es dann endlich soweit, daß die ersten Nobelpreisträger bestimmt werden konnten, die dann ein Jahr später geehrt wurden. Seitdem haben über sechshundert Personen den Nobelpreis erhalten. Gäbe es diesen Preis, wenn Alfred Nobel nicht seinen eigenen Nachruf gelesen hätte? Wie wird sich mein eigenes Leben in fünfhundert Worten zusammenfassen lassen? Wie wird Ihres einmal zusammengefaßt? Wird es eine angenehme Lektüre sein oder nicht?

George Bernard Shaw hat einige der bekanntesten modernen Theaterstücke geschrieben. Als sein Leben sich dem Ende zuneigte, forderte ihn ein Reporter auf, sich an einer Runde des Spiels «Was wäre, wenn?» zu beteiligen.

«Mr Shaw», begann er, «Sie haben mit einigen der berühmtesten Menschen dieser Welt verkehrt. Sie sind mit Adligen, weltbekannten Autoren, Künstlern und Würdenträgern in jedem Kontinent per Du. Wenn Sie Ihr Leben noch einmal leben könnten und sich aussuchen dürften, wer Sie sein wollten, wofür würden Sie sich entscheiden?»

Shaw dachte einen Augenblick nach und erwiderte dann: «Ich denke, ich würde am liebsten der Mensch sein wollen, der George Bernard Shaw hätte sein können, aber nie war.»

Mutter Teresa und, in geringerem Maße, Prinzessin Diana handelten nach den Seligpreisungen Jesu («Selig sind die Armen» und «Selig sind die Sanftmütigen») und wurden dadurch irgendwie selbst gesegnet. Wenn wir uns den Verletzten und Hilflosen zuwenden – Menschen, die sterben –, erkennen wir, daß sie uns etwas über die enorme Zerbrechlichkeit unseres menschlichen Daseins, die Grenzen und Begrenztheit unseres sterblichen Lebens zu sagen haben. Aber seltsamerweise gelangen wir gerade durch diese Begrenzungen und die Not in Kontakt mit der Wirklichkeit Gottes, die alle Zeiten durchdringt. Sie lassen mich mehr als alles andere daran glauben, daß es noch etwas anderes geben und daß dieses Andere sehr wirklich sein muß – wirklicher als alles, was ich jetzt hier sehen kann.

Der letzte Generalsekretär der UdSSR, der für eine längere Zeit im Amt war, war Leonid Breschnew. Nach seinem Tod wurde er mit einem Staatsbegräbnis auf dem Roten Platz geehrt. Ganz Moskau marschierte auf, um zuzuschauen, neben Hunderten von Diplomaten und Abgeordneten anderer Länder.

Als sein Sarg im Grab verschwand, stand seine Witwe daneben und bekreuzigte sich vor den Augen der gesamten Welt. Beim Begräbnis eines Mannes, der Gott in allem, wofür er eintrat, verleugnete, im Machtzentrum eines kommunistischen Staates, der den Atheismus in seine Verfassung aufgenommen hatte, schlug Breschnews Witwe das Kreuzeszeichen! Alles andere, worauf sie bislang ihr Vertrauen gesetzt hatte, erwies sich angesichts des Todes als nutzlos. Worauf setzen wir unser Vertrauen?

Der Philosoph Blaise Pascal schrieb:

> «Jene, die leben, als gäbe es kein Leben nach dem Tode, gewinnen nichts, wenn sie recht behalten sollten, und verlieren alles, wenn sie im Unrecht sind. Jene, die leben, als hätte die Gegenwart einen Einfluß auf die nächste Welt, haben alles verloren, wenn sie Unrecht haben sollten, und gewinnen alles, wenn sie recht behalten.»

Das große Lebensprogramm

In einem alten Gebet der Christenheit bitten die Menschen um Gottes Schutz und Bewahrung: «Vor Hungersnot und Unglück, vor Gewalt und Mord, vorm bösen, schnellen Tod behüt uns, lieber Gott.» Und doch ist gerade der Tod eines der Ereignisse in unserem Leben, auf die wir uns am wenigsten vorbereiten.

Franz von Assisi war dabei, seinen Garten umzugraben, als ihn jemand fragte, was er tun würde, wenn er wüßte, daß er noch vor Sonnenuntergang sterben müßte. «Ich würde meinen Garten fertig umgraben», erwiderte er. Franziskus war bereit, seinem Schöpfer zu begegnen. Von Winston Churchill stammt der Ausspruch: «Ich bin bereit, meinem Schöpfer zu begegnen. Ob mein Schöpfer bereit ist, sich eine Begegnung mit mir anzutun, das ist eine andere Frage.»

Es ist sehr bewegend, einen Menschen zu sehen, der dem Tod mutig und mit Würde entgegensehen kann. Der Schriftsteller C. S. Lewis sagte, eines der größten Geschenke, das die Christen der Gesellschaft machen könnten, sei nicht so sehr, den Menschen zu zeigen, wie sie leben müssen, sondern vielmehr wie sie sterben können. Wie also sollen wir uns darauf vorbereiten?

Es ist eines der Vermächtnisse jenes 31. August 1997, daß in der Öffentlichkeit auch wieder einmal religiöse Fragen diskutiert werden können, die mit dem Tod zu tun haben. Paul Johnson bemerkte im *Daily Mail*, der Ozean der Trauer sei «ein überraschender Hinweis darauf, daß wir etwas Göttliches, Religiöses, Außerirdisches und Definitives in unserem Leben» brauchen.

Wie mit ihrem Leben hat Diana auch mit ihrem Sterben weit mehr bewirkt, als sie sich je hätte vorstellen können. Das Volk hat eine zutiefst religiöse Erfahrung gemacht.

Zu fragen ist allerdings, ob das, was wir im September 1997 erlebt haben, wirklich eine *geistliche* Erfahrung war. War sie bewirkt durch den Geist Gottes (und nur so versteht die Bibel das Wort «geistlich»)? Oder war das Ganze nur ein fehlgeleitetes und unangebrachtes religiöses Gefühl? War es die religiöse Dimension von Dianas Leben, die die Woge der Emotionen auslöste?

Als Angehörige der Aristokratie wurde Diana zur Achtung gegenüber der anglikanischen Staatskirche erzogen. Während ihrer Schulzeit in West Heath in Kent wurde sie konfirmiert. Ihre Trauung fand in der St Paul's Cathedral statt, und als Mitglied der königlichen Familie besuchte sie bei Staats- und familiären Anlässen regelmäßig den Gottesdienst. Ihre Söhne William und Harry sind getauft. In öffentlichen Ansprachen und in Briefen sprach sie oft vom Gebet, vom Vertrauen und dem Wunsch, Gott möge Menschen und Projekte segnen.

Doch wie es heute weithin üblich ist, vermischte sich ihr traditionelles anglikanisches Christsein mit verschiedensten anderen religiösen und geistlichen Einflüssen. Das hatte sie mit ihrem Mann, Prinz Charles, gemeinsam, der aus seinem Synkretismus kein Geheimnis machte. («Synkretismus» ist der Fachausdruck für das, was Graham Cray, einer meiner Freunde und Leiter des theologischen Colleges in Cambridge, eine religiöse Einstellung nennt, bei der sich jeder «aus Religion, Glauben und allen geistlichen Dingen die Elemente herauspickt, die ihn interessieren». Man nimmt, was man möchte, und probiert aus, was am besten funktioniert.)

Es kann darum kaum überraschen, daß Prinzessin Diana und Dodi Al Fayed ein paar Wochen vor ihrem Tod mit dem Helikopter nach Derbyshire flogen, um dort ein spiritistisches Medium nach ihrer Zukunft zu befragen. Der Besuch bewies, daß die offiziell der anglikanischen Kirche angehörende Prinzessin von einer Vielzahl religiöser Strömungen beeinflußt war. Diana befaßte sich mit vielen Dingen, die die christliche Kirche nicht akzeptieren kann, schien sich selbst der Widersprüche aber nie bewußt zu sein. In dieser Hinsicht war sie, wie so viele andere, ein typisches Kind ihrer Zeit.

Kurz nach ihrem Tod sprach der anglikanische Chaplain von Paris ein Gebet über dem Leichnam. Das Krankenhaus «La Pitié Salpétrière» hatte Hochwürden Martin Draper, Chaplain der St George's Church und Archdeacon für Frankreich, am frühen Sonntagmorgen gerufen. In Anwesenheit des britischen Botschafters sprach er die traditionellen Gebete für die Verstorbenen aus dem *Book of Common Prayer*.

Statt uns weiter über die Widersprüche in Dianas Glauben auszulassen, sollten wir uns lieber den Fragen stellen, die dadurch aufgeworfen werden. Und statt die Ereignisse rund um ihr Begräbnis als Beweis für ein ersehntes und sicher nötiges geistliches Erwachen in unserem Land zu betrachten, sollten wir uns lieber um eine nüchterne Deutung bemühen.

Zu den wohl traurigsten Geschehnissen an Dianas Todestag gehörte der Kirchgang der königlichen Familie. Gewiß, er bezeugte eindrucksvoll den Glauben der Königin und ihrer Familie, daß die Kirche zu wichtig sei, als daß man in einer solchen Notzeit den Gottesdienst einfach versäumen könne. Doch wer von uns war nicht fassungslos und verwirrt, als Einzelheiten über diesen Gottesdienst bekannt wurden und es sich herausstellte, daß das Unglück mit keinem Wort erwähnt worden war! Natürlich kann das mit der englischen Einstellung zu tun haben, auch in

Schwierigkeiten immer Haltung zu bewahren. Wo aber blieb die Botschaft, daß Gott bei allem, was wir durchmachen, bei uns ist, uns zur Seite steht und sich um uns kümmert? Jener Gottesdienst signalisierte sozusagen: Geh zur Kirche, wenn du dich der Wirklichkeit und der Not des Lebens nicht stellen willst. Hat die Kirche also letztlich nichts als eine billige Flucht aus der Realität zu bieten?

Glücklicherweise gab es auch andere Signale. Die BBC brachte am Sonntag eine Live-Übertragung des Abendgottesdiensts aus der St Paul's Cathedral. Während des Gottesdienstes landete das Flugzeug mit den sterblichen Überresten der Prinzessin auf dem Militärflughafen von Northolt, doch anstatt die Übertragung zu unterbrechen, wurden zum Ton der Psalmliturgie in St Paul's die Bilder vom Ausladen des Sargs aus dem Flugzeug ausgestrahlt.

England weiß heute nicht mehr viel über den christlichen Glauben. Wären wir noch ein christliches Volk, hätten manche Mißverständnisse gar nicht erst entstehen können. Die Vorstellung, daß es sich für Dianas Söhne, die Prinzen William und Harry, nicht geschickt habe, am Morgen nach dem Tod ihrer Mutter in die Kirche zu gehen, zeigt deutlich genug, daß manche Menschen nicht mehr an Jesus Christus glauben. Und die Forderungen, die königliche Familie solle ihren Kummer in der Öffentlichkeit deutlicher zur Schau tragen, kamen von Menschen, die ganz offensichtlich nicht mehr wissen, daß für Christen der Trauergottesdienst in der Kirche die Gelegenheit ist, bei der sie ihre Trauer und ihren Schmerz öffentlich zum Ausdruck bringen. Darüber hinaus können gläubige Christen Jesus Christus im Gebet ihr Leid klagen, denn Christus hört sie.

Die Trauerfeier für Prinzessin Diana fand in der Westminster Abbey statt. Die Abtei ist eine christliche Kirche, wo christlicher Glaube und christliche Hoffnung verkündet werden. Die Prinzessin von Wales erhielt ein christliches Begräbnis.

Dianas Leichnam ruht nun in Althorp Park, auf dem Familiensitz ihrer Vorfahren. Diana selbst war mit vierzehn Jahren nach Althorp gezogen, als ihr Vater, der achte Earl Spencer, das rund 220 Hektar große Anwesen von seinem Vater erbte. Die übrigen zwanzig Generationen von Spencers, deren Wurzeln bis ins Jahr 1522 zurückreichen, liegen in der Krypta der Kirche St Mary the Virgin in Great Brington. Doch aus der Überlegung heraus, das Dorf könnte von Besuchern überschwemmt werden, beschloß die Familie, Diana auf einer Insel in einem künstlichen See auf dem Anwesen selbst zu bestatten. Dort kann ihr Grab, wie ihr Bruder sagte, «von der Familie ordentlich gepflegt und von ihren Söhnen ungestört besucht werden».

Reverend Ian Cundy, der Bischof von Peterborough, hat den Ort für ein christliches Begräbnis geweiht. Nun pilgern die Menschen zum Schrein «Unserer Frau vom See», dem ersten einer Reihe von Diana-Wallfahrtsorten. Das Neue Testament dagegen kennt keine heiligen Orte oder Schreine. Nicht das leere Grab steht im Zentrum des christlichen Glaubens, sondern der auferstandene Herr.

Die Woche, in der England betete

Der Tod von Prinzessin Diana an jenem Sonntagmorgen im August war der Auftakt zu einer Woche, in der Englands schlummernde Christlichkeit neu erwachte. Wohin sonst sollten die Menschen sich wenden? Gebet und öffentliche Religiosität begleiteten die größten Trauerbekundungen seit Jahrzehnten. Die Menschen überraschten sich selbst mit ihrer Frömmigkeit und ihren spontanen Gebeten.

Jüngste Statistiken lassen die anglikanische Kirche übrigens positiver erscheinen, als sie in den Medien dargestellt wird. Im vergangenen Jahr wurden mehr anglikanische Gemeinden gegründet als geschlossen. Zwar gehen nur 12 Prozent der Bevölkerung regelmäßig zur Kirche, doch neuesten Umfragen zufolge beten 76 Prozent regelmäßig. Aber genügt das? Können wir uns erleichtert zurücklehnen und erklären, daß wir ja schließlich alle an Gott glauben – irgendwie?

An der Trauerfeier für Diana stimmten Millionen von Menschen in das Gebet ein, das Jesus seine Jünger gelehrt hat, das Unservater. Was haben wir da gebetet? Und haben wir es wirklich so gemeint? Die wenigen Worte dieses Gebets fassen präzise zusammen, worauf es Gott ankommt. Sie rufen uns zu den Wurzeln zurück. Könnte dieses von Millionen gesprochene Gebet eine geistliche Erneuerung auslösen? William Temple, einer der früheren Erzbischöfe von Canterbury, schrieb einmal: «Die Menschen sagen mir, Gebetserhörungen seien reiner Zufall. Ich kann darauf nur erwidern: Wenn ich bete, ereignen sich Zufälle, und wenn ich nicht bete, dann geschehen sie nicht.»

Bevor wir uns näher ansehen, *was* wir da gebetet haben, wollen wir uns aber erst einmal fragen, *warum* wir überhaupt gebetet haben.

Darauf gibt es zunächst einmal eine ganz einfache Antwort: Wir haben gemeinsam das Unservater gebetet, weil es zu dem wenigen gehört, was wir alle kennen. Neben der Nationalhymne und dem Eingeständnis, daß wir nie genau wissen, wo beim Union Jack, unserer Flagge, oben und unten ist, haben wir Engländer zumindest dies gemeinsam, daß wir das Unservater aufsagen können. Aber wir kennen es nur, weil wir traditionell ein christliches Land sind. Und daß es so bekannt ist, verdankt es dem, der es uns gelehrt hat.

Wir haben mehrere Berichte darüber, wie Jesus seinen Jüngern die Worte dieses Gebets beibrachte. Aus einem geht hervor, daß die Jünger ihn anscheinend beim Beten beobachtet und dabei etwas an ihm bemerkt haben, was sie sich auch für sich selbst wünschten. Deshalb baten sie ihn, sie beten zu lehren, und er gab ihnen daraufhin das Unservater. Die Vermutung liegt nahe, daß Jesus wohl auch so gebetet haben muß. In den Worten dieses Gebets ist zusammengefaßt, was er von seiner Art zu beten an die weitergeben wollte, die ihm nachfolgten. Das Unservater enthält die Anliegen, die ihm wichtig, ja am wichtigsten gewesen sein müssen.

Wenn wir anfangen, Musik zu studieren, brauchen wir jemanden, der uns die Noten erklärt und uns vormacht, wie wir spielen und singen müssen. Wir brauchen die Anleitung eines Fachmanns. Genauso ist es mit dem Gebet. Und wenn wir uns mit dem Unservater befassen, lernen wir direkt vom Fachmann, von Jesus selbst. Ich habe lieber einen erfahrenen Führer als eine detaillierte Landkarte. Ein guter Führer erklärt mir vielleicht nicht auf einmal den ganzen Weg bis zum Ziel; aber er zeigt mir die Richtung, wenn ich es brauche. Und vor allem ist er mir Wegbegleiter und Reisegefährte.

Was haben wir gebetet?

«Unser Vater im Himmel»

Wir leben in einem religiösen Supermarkt. So wie wir im Einkaufszentrum Waren aus aller Welt finden, so finden wir in unserer heutigen Kultur Religionen und religiöse Überzeugungen von allen Erdteilen. Viele unserer Zeitgenossen mixen sich aus den unterschiedlichsten Elementen westlicher und östlicher Religionen ihren ganz individuellen und privaten Glauben zusammen.

Doch täuschen wir uns nicht! Die Eingangsworte unseres Gebets weisen uns bereits darauf hin, daß wir, wenn wir uns zu Recht «Christen» nennen wollen, den Supermarkt der Religionen nicht mit leerem Einkaufswagen betreten. Wir begeben uns nicht in eine vage, mysteriöse Welt des Übernatürlichen, in der man nichts Genaues über Gott oder irgendwelche Götter weiß. Wir versuchen nicht, irgendwie eine Verbindung zu den spirituellen Mächten des Alls zu schaffen.

Dieses Gebet beginnt mit der Anrede und Anrufung Gottes – nicht irgendeines Gottes, sondern des einen, wahren Gottes. Es läßt uns nicht viele Optionen offen. Es ist kein Gebet, das jeder beten kann, ganz gleich, was und woran er glaubt. Es gestattet uns nicht, Gott irgendeinen Namen zu geben, so wie es uns gerade paßt.

Wenn Jesus betete, redete er Gott mit «Vater» an, mit «*Abba*». Einer meiner Freunde erinnert sich noch immer an eine Begebenheit, die er vor über dreißig Jahren in Jerusalem erlebte. Er war in der Stadt unterwegs, da hörte einen Jungen rufen: «*Abba, Abba,* kann ich ein Eis haben?»

Abba ist das Wort, mit dem jüdische Kinder ihren Vater anreden. Jesus hat das Beten revolutioniert, indem er seine Jünger lehrte, auch Gott so anzureden. Wir sprechen nicht irgendwelche geistlichen Mächte der Welt an. Wir rufen nicht irgendein Mysterium des Lebens an. Wir gebrauchen eine Anredeform, die der engsten menschlichen Beziehung entnommen ist, die es gibt – jener zwischen Eltern und Kindern.

Das fällt uns schwer, weil wir heute mit den schrecklichen Geschichten von Opfern schlimmer Väter überschwemmt werden. Und wenn Gott nun genauso wäre wie mein menschlicher Vater, der mich mißbraucht, mich manipuliert, mich nicht liebt? Aber gerade das meint Jesus *nicht.* Er sagt nicht: «Du weißt, wie dein Vater ist. Nun, genauso ist Gott.» Vielmehr sagt er: «Ihr kennt eure eigenen Väter. Nun, Gott der Vater ist ganz anders.»

Wie können wir das wissen? Nur von Jesus. Wir nennen Gott «Vater», weil Jesus es getan hat. Gott will für uns ein Vater sein, wie er es für Jesus war. Jesus hatte eine zutiefst persönliche, ganz von Liebe geprägte Beziehung zu Gott, seinem Vater, eine Beziehung des gegenseitigen Gebens und Nehmens. Und in seinem Gebet lädt er uns ein, in eine ebensolche Beziehung zu Gott zu treten – ihn persönlich als den vollkommenen Vater kennenzulernen. Wir müssen nicht versuchen, ihm etwas vorzuspielen oder ihn zu überreden, daß er uns doch bitte zuhören soll. Wir können zur Familie gehören – der Familie Gottes. Der Familie, aus der wir fortgerannt sind, in die Jesus uns aber zurückholen will.

Jesus macht uns also Mut, wenn wir beten, nicht bei uns selbst zu beginnen, sondern bei Gott. Und nicht bei irgendeinem Gott, sondern bei dem einen, den wir wegen Jesus Vater nennen dürfen. Für Menschen, die Leid tragen, ist es eine wunderbare Erfahrung, zu einem persönlichen Gott kommen zu können, der seine Kinder kennt und sie trösten will.

«Geheiligt werde dein Name»

Nachdem die Identität dessen, zu dem er betet, geklärt ist, bringt Jesus seine erste Bitte vor: daß der Name Gottes geheiligt werde. Dieser Name soll geehrt und geachtet und nur so gebraucht werden, wie es der Herrlichkeit Gottes entspricht. Der Name Gottes spiegelt Gottes Wesen wider. Wer ihn verunglimpft, entehrt Gott.

Wir reden von dem lebendigen, heiligen, allmächtigen Gott, mit dem man nicht nach Belieben umspringen kann, der sich nicht benutzen oder gar mißbrauchen läßt und den wir nie «in der Tasche» haben. Wir schulden ihm Achtung und Respekt.

Die Ehrfurcht vor dem Namen Gottes spiegelt sich bis heute in unserem Gerichtssystem wider. Wenn jemand vereidigt wird, legt er seine Hand auf die Bibel. Wozu? Man schwört «bei Gott», der die absolute Wahrheit ist, und verpflichtet sich mit seinem Schwur, mit der nachfolgenden Aussage Gottes Ehre zu respektieren.

Wir dürfen den Namen Gottes darum nicht leichtfertig gebrauchen. Meine Frau heißt Killy, und darum halte ich diesen Namen in Ehren, denn dahinter steht ein Mensch, den ich sehr liebe. Wenn andere den Namen meiner Frau beleidigend aussprächen, würde mich das nicht kalt lassen. Genauso sollte es uns schmerzen, wenn der Name Gottes in den Schmutz gezogen wird. Wo Gottes Name geheiligt wird, da wird er nicht mißbraucht.

«Dein Reich komme»

Wir haben unsere Aufmerksamkeit auf Gott gerichtet, haben erkannt, daß er einzigartig und heilig ist. Anstatt uns nun den Dingen zuzuwenden, die *wir* wollen, stellen wir fest, daß die nächste Bitte danach fragt, was *er* will – das Kommen seines Reiches. Wieder werden wir von uns weggelenkt hin zu Gott und seinem Reich.

Ob wir also im Überfluß oder in Armut leben, wir können Gott nicht einfach darum bitten, unser Reich zu fördern. Gottes Reich ist es, was zählt, nicht die Modehäuser in Paris oder die Häuser der Reichen und Mächtigen.

Jesus hat uns gezeigt, wie dieses Reich beschaffen ist. Es ist ein Reich, in dem gerade solche Menschen geachtet werden, für die Mutter Teresa und Prinzessin Diana sich eingesetzt haben. Es gehört denen, die auch im Trauerzug mitgingen – den Menschen in Not. Doch es gehört ihnen nicht, weil Gott ihre Bedürftigkeit romantisch verklärt, sondern weil Gott gut ist. Gott steht auf der Seite der Armen und Zerbrochenen, weil niemand sonst es tut.

Wenn wir beten: «Dein Reich komme», geben wir damit der Überzeugung Ausdruck, daß Gottes Reich einmal ganz aufgerichtet werden wird. Und wir flehen Gott an, daß dies doch möglichst bald geschehen möge. Das aber bedeutet, wie wir gleich sehen werden, daß auch wir selbst uns ändern müssen.

«Dein Wille geschehe, wie im Himmel so auf Erden»

Gottes Reich ist ganz anders als die Reiche dieser Welt – vielleicht bewegt uns dieses Bewußtsein dazu, nicht mehr um die Erfüllung *unserer* Wünsche zu bitten, sondern darum, daß *Gottes* Wille geschieht. Ob wir dieses Gebet in der Westminster Abbey, auf einer einsamen Insel, im australischen Busch oder im Zentrum von New York sprechen: immer erinnert uns die Bitte, daß Gottes Wille geschehen möge, ganz deutlich daran, daß wir in einer Welt leben, in der sein Wille nicht an erster Stelle auf unserer Prioritätenliste steht.

In unserer Welt werden manche Menschen nur wegen ihrer Position in den Tod gejagt. Es ist eine Welt voll Not und Schmerz, voller Ehebruch und Scheidungen. In dieser Welt darum zu bitten, daß Gottes Wille geschehen möge, kommt letztlich einer Revolution gleich. Stellen wir uns nur einmal vor, jeder, der am Tag von Dianas Beerdigung diese Bitte aussprach, hätte sich fest vorgenommen, Gottes Willen auch wirklich zu *tun*!

Denken wir nur, was geschehen würde, wenn diese Millionen Gottes Willen tatsächlich dem eigenen überordneten! Wenn die internationalen Gäste, Repräsentanten ihrer Länder, sich wirklich dafür einsetzten, daß in ihrer jeweiligen Heimat Gottes Wille geachtet wird! Wenn die Rockstars und die Schauspielerinnen, die Modeschöpfer und die Mitarbeiter von Hilfswerken seinen Willen an die erste Stelle setzten! Und sagen wir nicht voreilig: «Das ist ja unmöglich.» Eines Tages werden wir nämlich alle vor Gott stehen, und er wird uns fragen, wessen Willen wir in den einzelnen Bereichen unseres Lebens getan haben.

Der Grund ist einfach. Es ist unser Daseinszweck auf dieser Erde, Gottes Willen zu tun. Dadurch wird unser Leben nicht eingeschränkt. Wenn wir seinen Willen tun, entdecken wir vielmehr erst unsere eigentliche Bestimmung. Gott will Heilung und Vergebung, Veränderung und Hoffnung. Er will, daß die Hungrigen Nahrung bekommen und die Armen reich werden. Sein Wille ist letztlich das einzige, worum es sich in unserem Leben zu beten, wofür es sich zu arbeiten lohnt. Und doch sprechen so viele diese Bitte aus und wenden sich danach umgehend wieder den Dingen zu, die sie selbst wollen.

Leider sind wir oft wie jene Menschen aus dem Alten Testament, über die Gott durch den Propheten Jesaja das folgende sagen ließ: «Dieses Volk gibt vor, mich zu ehren – doch sie tun es nur mit den Lippen, mit dem Herzen sind sie nicht dabei» (Jesaja 29,13).

Jeder unserer Lebensbereiche ist für Gott wichtig – die Familie und das Erziehungswesen, die Medien und die Industrie. Gottes Reich und sein Wille reichen also über unser persönliches Leben hinaus in unsere Häuser, unsere Beziehungen, bis hinein in die gesellschaftlichen Strukturen.

«Unser tägliches Brot gib uns heute»

Nun beginnen wir auch für uns zu beten. Aber achten wir darauf, wie knapp diese Bitte formuliert ist. Das ist keine

Forderung nach dem Motto: «Gib mir alles, was ich will», oder auch nur: «Gib mir alles, was ich je brauchen werde.» Nein, wir bitten um das, was wir hier und heute brauchen, um Gottes Reich bauen und seinen Willen tun zu können.

Es grenzt schon beinah an Zynismus, in einem Land, in dem wir fast alles haben, so zu beten. Es grenzt an Zynismus, in einem Land, das über so viele Vorräte verfügt, aber den Bedürftigen den Zugang zum Lebensnotwendigen versperrt, solche Worte auszusprechen. Es grenzt an Zynismus, wenn die versammelte High Society so betete.

Vor der Trauerfeier zeigten uns die Kameras die Stars, die Reichen und die Schönen der englischen Gesellschaft und des internationalen Parketts, die gekommen waren, um Diana die letzte Ehre zu erweisen. Hier waren Menschen, die alles hatten: musikalisches Talent, die «richtige» politische Überzeugung, den schärfsten Verstand und das größte Vermögen. Und doch betete jeder von ihnen an einer bestimmten Stelle des Gottesdiensts, daß Gott ihm das für diesen Tag Nötige geben möge. Haben diese Leute denn nicht schon mehr als genug?

Der erste Grundsatz, den wir mit dieser Bitte anerkennen, lautet: Alles, was wir haben, ist ein Geschenk Gottes. Ganz gleich, ob z.B. Sir Elton John seine musikalische Begabung als ein Geschenk betrachtet oder nicht, er kann nur deshalb singen und Lieder komponieren, weil Gott ihn dazu befähigt hat. Wie talentiert Tony Blair auch sein mag, er kann seine Aufgaben als Premierminister nur deshalb erfüllen, weil Gott ihm dazu die entsprechenden Gaben gegeben hat. In dieser Bitte des Unservaters geht es darum, daß wir dies anerkennen. Deshalb beten wir: «Herr, schenke uns, was wir zum Leben brauchen.» Das Gebet gebraucht überdies die Pluralform: «Gib *uns*». Wir bitten nicht nur für uns selbst, sondern auch für die anderen und ihre Bedürfnisse. Die Kirche ist der Leib Christi auf Erden, und Jesus möchte durch uns wirken, um seine Liebe und Gerechtigkeit auszubreiten. Auch das Gute in Dianas Leben – das, was uns so für sie einnahm – wollte Gott gebrauchen, um anderen zu helfen.

Leider sind wir in dieser Beziehung oft nicht allzu ansprechbar. Wir reagieren nach dem Muster:

> «Ich bin hungrig gewesen, und ihr habt einen Ausschuß gebildet, um meinen Hunger zu erforschen. Ich war heimatlos, und ihr habt einen Bericht über mein Schicksal verfaßt. Ich war krank, und ihr habt ein Seminar über die Situation der Unterprivilegierten veranstaltet. Ihr habt meine Lage von allen Seiten beleuchtet, aber ich bin noch immer hungrig und heimatlos und krank.»

Jesus Christus empfindet unendliches Mitleid mit den Hungrigen und Heimatlosen, den Kranken und den Opfern von Ungerechtigkeit und Arbeitslosigkeit. Und seine helfende Liebe soll durch uns konkret werden. Der zweite Grundsatz, den uns diese Bitte vermittelt, lautet deshalb: Wir sollen die Gaben, die Gott uns gegeben hat, so einsetzen, daß damit dem Nächsten gedient wird. Vielleicht will Gott gerade uns gebrauchen, damit ein anderer sein tägliches Brot bekommt.

«Vergib uns unsere Schuld»

Nun gestehen wir auch unsere Fehler ein. Wenn wir auf das zurückblicken, was wir bis jetzt gebetet haben, geht uns vielleicht so manches auf, was wir falsch gemacht haben. Wir nennen Gott Vater – aber wir haben uns nicht immer wie seine Kinder verhalten, sondern oft eher wie seine Feinde. Wir wollten seinen Namen heiligen – aber mit unserem Tun haben wir ihn nicht immer geehrt. Wir beten: «Dein Reich komme» – aber wie oft widersetze ich mich seiner Herrschaft in meinem Leben. Sein Wille soll geschehen – aber da sind Zeiten, in denen ich nicht will, was er will. Wir beten um das tägliche Brot – aber wir erkennen nicht, von wem es kommt, und manchmal essen wir auch das Brot unseres Nächsten. Darum erkenne ich nun an, daß ich Vergebung brauche.

Jesus möchte uns vergeben. Er möchte uns befreien, reinen Tisch machen. Schuld und Sünde sind wie Abfall, den wir regelmäßig entsorgen müssen, sonst stinkt er bald zum Himmel. Die meisten von uns haben zweierlei Abfalleimer, den kleinen unter der Spüle oder in einer Ecke und dann draußen den großen, die Mülltonne oder den Container. Stellen wir uns vor, wir brächten den Müll nie nach draußen! Wir stopften den kleinen Mülleimer voll, bis er überquillt. Aber statt ihn draußen zu entleeren, holten wir die große Mülltonne ins Haus. Bald wäre auch sie voll Unrat und begänne zu stinken. Schließlich besorgten wir uns einen riesigen Müllcontainer brächten ihn in der Wohnung unter, bis auch der überliefe und wir uns fragten: Was mache ich jetzt?

Grotesk, dieses Bild, nicht wahr? Aber genau das machen manche Menschen mit dem inneren Unrat in ihrem Leben. Warum schaffen wir ihn nicht einfach hinaus und entsorgen ihn regelmäßig, statt ihn weiter in uns hineinzustopfen? Was beim Hausmüll absurd ist, ist noch viel verrückter, wenn es um Schuld und Sünde geht. Warum daran festhalten, wenn Gott doch bereit ist, uns sofort, umsonst und immer wieder zu vergeben? Warum unsere Sünde verstecken, warum sie unter den Teppich kehren, bis der Berg so hoch wird, daß wir und andere darüber stolpern? Entsorgen wir sie doch am Kreuz Jesu! Lassen wir Schuld und Sünde nicht liegen – Gott will sich darum kümmern!

Gehen wir doch zu Jesus! Er will uns vergeben – umsonst. Was bedeutet das? Klingt das nicht viel zu schön, um wahr zu sein? Und ist es überhaupt gerecht? Daß ich alle möglichen unrechten Dinge tue und trotzdem ungestraft davonkomme? Es ist doch nur recht und billig, wenn ich für die Fehler, die ich mache, auch zur Rechenschaft gezogen werde. Aber die Rechnung ist bereits beglichen. Vor rund zweitausend Jahren nahm auf einem Hügel mit Namen Golgatha Jesus, der einzige Mensch, der nie eine Sünde getan hat, alle Schuld der Welt auf sich – die Sünden der Vergangenheit, der Gegenwart und jene, die in Zukunft noch begangen werden – und wurde dafür an ein Kreuz genagelt. Warum tat er das? Aus Liebe. Jesus hat die Rechnung bezahlt, die Schuld beglichen. Deshalb müssen wir nicht mehr dafür geradestehen. Er vergibt uns, ohne daß wir etwas dafür tun müssen. Das bedeutet allerdings nicht, daß seine Vergebung eine billige Sache ist. Schließlich hat sie ihn das Leben gekostet.

Als Jesus am Kreuz starb, waren seine letzten Worte: «Es ist vollbracht» (Johannes 19,30). Das griechische Wort, das hier im Urtext steht, lautet *tetelestai*. Es handelt sich dabei um einen rechtlichen Begriff, den man auf Stempeln finden konnte. Wenn jemand in einem Geschäft seine Schulden beglichen hatte, wurde die Rechnung abgestempelt: «Voll bezahlt.» Als Jesus am Kreuz starb, da sagte er also: «*Tetelestai:* Es ist vollbracht – es ist alles bezahlt.»

Deshalb brauchen wir unsere Last von Sünde, Reue und Schuld nicht weiter mit uns herumzuschleppen. Jesus Christus hat dafür bereits bezahlt, damit wir davon befreit werden können. Gott möchte, daß wir ein schuldenfreies Leben führen. Viele Menschen gehen nicht in die Kirche, weil sie meinen, dort würden sie sich schuldig fühlen. Dabei ist die Kirche der Ort, an dem wir unsere Schuld loswerden sollen.

In der Bibel heißt es: «Durch seine unverdiente Güte

seid ihr vom Tod errettet worden» (Epheser 2,8). Unverdiente Güte («Gnade»): Wir haben es nicht verdient, von den Folgen unserer Schuld verschont zu werden. Wir müssen nicht mit Jesus verhandeln oder ihm die Vergebung abringen.

Auf dem Trafalgar Square in London stand ein kleiner Junge vor der Säule mit dem Standbild von Admiral Nelson. Neben ihm stand ein Polizist. Der Kleine blickte an der Säule empor und meinte: «Die würde ich gern kaufen.» – «Wieviel Geld hast du denn?» fragte der Polizist. – «75 Pence», erwiderte der Junge. – «Na, das reicht aber nicht», lachte der Polizist. – Darauf der Junge: «Das habe ich mir doch gleich gedacht.» – Da erklärte ihm der Ordnungshüter: «Du mußt dreierlei wissen: Erstens könntest du es dir nie leisten, dieses Denkmal zu kaufen. Zweitens ist es unverkäuflich. Und drittens: Wenn du britischer Staatsangehöriger bist, gehört es dir sowieso schon. Es gehört dem Volk.»

So ist es auch mit Gottes Vergebung. Sie ist unbezahlbar teuer, absolut unerschwinglich. Sie ist unverkäuflich. Aber wir können unser Vertrauen auf Jesus Christus setzen und entdecken dann, daß sie uns bereits gehört. Wir müssen sie nur noch in Anspruch nehmen.

«Wie auch wir vergeben unseren Schuldigern»

Wenn wir anderen nicht vergeben, schließen wir uns selbst im Gefängnis der Unversöhnlichkeit ein, und Gott kann uns nicht segnen. Wenn wir uns der Gnade und dem Erbarmen Gottes ausliefern und damit rechnen, daß er uns gern und gratis vergibt, dann müssen wir allerdings auch bereit sein, anderen ebenso bereitwillig zu vergeben. Zum Beispiel denen, denen wir so gern und schnell die Schuld an Prinzessin Dianas Tod geben wollen; denen, die ihr weh getan, Unrecht getan haben. Wenn wir ihnen nicht verzeihen wollen, brechen wir die Brücke ab, die wir selbst brauchen.

«Und führe uns nicht in Versuchung, sondern erlöse uns von dem Bösen»

Eines der bedeutendsten Theaterstücke dieses Jahrhunderts ist T. S. Eliots *Murder in the Cathedral* (Mord im Dom). Darin wird Thomas Becket, der Erzbischof von Canterbury, von vier Gestalten versucht, die ihn vom rechten Weg abbringen wollen. Sie locken ihn mit Macht und Einfluß, mit Popularität und Beliebtheit, mit finanziellem Gewinn. Doch die letzte Versuchung ist wohl die raffinierteste und heimtückischste: Die rechte Tat aus falschem Grund zu tun; richtig zu handeln, aber aus falschen Motiven.

In der Abtei in Westminster – als die ganze Welt den viel zu frühen, tragischen Tod der Prinzessin betrauerte und einige munkelten, sie sei umgebracht worden – war diese letzte Versuchung noch immer präsent. Diana hatte sie ganz sicher kennengelernt, sie macht weder vor der königlichen Familie Halt, noch sind wir dagegen immun. Tun wir das, was wir tun, aus den richtigen Gründen und Motiven heraus? Setzen wir uns selbstlos für das Wohl der anderen ein, oder ist da nicht doch auch der Wunsch nach ein wenig eigenem Ruhm?

«Führe uns nicht in Versuchung, sondern erlöse uns …» kennt die Gefahr der Versuchung und bittet Gott um Hilfe.

Das Leben ist ein Kampf. Auch im Zusammenhang mit dem christlichen Glauben werden häufig Worte wie Kampf und Sieg, Ringen und Durchhalten, Überwinden und Triumphieren gebraucht. Es gibt böse Mächte in dieser Welt, die sich gegen uns erheben. Aber wir wollen uns davon nicht einschüchtern lassen, sondern Gott um Hilfe bitten. Wir können uns auf ihn verlassen. Das wissen wir, weil der Eine, von dem wir dieses Gebet haben, auch versucht wurde, und zwar genauso wie wir. Aber trotzdem sündigte er nicht (siehe Hebräer 4,15). Wir haben aber nicht nur den Trost, daß Gott weiß, was wir durchmachen. Wir haben auch die Zusage, daß dieser Jesus, der vom Tod auferstanden ist und die Sünde besiegt hat, uns helfen will. Wie?

In der Bibel lesen wir: «Die Gewißheit, daß euch Jesus Christus gerettet hat, ist euer Helm, der euch schützt. Und nehmt das Wort Gottes. Es ist das Schwert» (Epheser 6,17). Ein römischer Soldat war gut geschützt. Ein modernes Gegenstück wäre vielleicht der Anzug eines Tauchers. Ohne Tauchanzug taucht man nicht auf den Meeresgrund. Genauso, sagt der Apostel Paulus, ziehen wir nicht ohne die Waffen Gottes in die Welt hinaus. Wir müssen unser Leben mit Gottes Wort füllen. Das Gegenmittel gegen die Versuchung ist die Wahrheit.

Die Bibel enthält ungezählte Geschichten aus dem Leben, Geschichten, die uns weise machen und uns Hilfe, Warnung, Ermutigung und Anregung sein sollen. Die Bibel kann uns stärken und trösten und uns helfen, kluge und gute Entscheidungen zu treffen.

«Denn dein ist das Reich und die Kraft und die Herrlichkeit in Ewigkeit»

Zum Schluß lenkt das Unservater-Gebet unseren Blick wieder nach oben und nach vorn zu einem Gott, der nie von seinem Ziel abrückt, dessen Macht ohne Beispiel ist und dem ewige Ehre gebührt. Am Ende steht ein Schrei der Hoffnung, weil wir wissen, daß wir zu dem ewigen Gott beten, unserem Vater, der die Macht hat, unsere Bitten zu erhören.

Ein «Amen» schließt das Ganze ab

Damit bestätigen wir, daß es uns ernst ist mit dem, was wir gerade gebetet haben. Das Amen ist wie die persönliche Unterschrift unter das Gesagte. Man kann es auch mit «So sei es» oder «Ich bin einverstanden» übersetzen.

Unser Vater im Himmel!
Geheiligt werde dein Name.
(Lob)

Dein Reich komme.
Dein Wille geschehe,
wie im Himmel, so auf Erden.
(Ziel)

Unser tägliches Brot gib uns heute.
(Fürsorge)

Und vergib uns unsere Schuld,
(Vergebung)

wie auch wir vergeben unsern Schuldigern.
(Mitmenschen)

Und führe uns nicht in Versuchung,
sondern erlöse uns von dem Bösen.
(Schutz)

Denn dein ist das Reich und die Kraft
und die Herrlichkeit in Ewigkeit.
(Ausblick)

Amen

Millionen von Menschen haben bei der Beerdigung von Prinzessin Diana dieses Gebet gesprochen. Unsere Aufgabe wäre es, unsere Unterschrift darunter zu setzen und danach zu leben. Wo wir das tun, werden wir zu Gottes Freunden. Wenn wir dieses Gebet sprechen, es leben, unser Leben darauf gründen, dann wird uns der Tod – egal wann er uns begegnet, ob wir alt und wohlbetagt sind, ob ein Unfall uns dahinrafft oder wir einer langwierigen Krankheit erliegen – nicht unvorbereitet treffen.